精益六西格玛工具
实践手册

The Lean Six Sigma Pocket Toolbook

迈克尔 L. 乔治（Michael L. George）
[美] 戴维·罗兰兹（David Rowlands） 著
马克·普赖斯（Mark Price）
约翰·马克西（John Maxey）

曹 岩 杨丽娜 等译

机械工业出版社

本手册汇集了精益生产和六西格玛管理的基本概念和常用工具，所述内容简明扼要，丰富翔实，论述充分，结构合理完整，代表了近年来最新的生产管理模式，具有先进性和实用性。全书共 11 章，内容包括使用 DMAIC 改进速度、质量和成本，工作创意，价值流程图和过程流程工具，客户的声音，数据收集，描述统计学和数据显示，变动分析，识别和验证原因，减少前置时间和非增值成本，复杂价值流程图和复杂性分析，选择和测试解决方案。

本手册便于随时查用，适合制造业管理人员及相关从业人员阅读和使用，也适合开展精益六西格玛管理的企业学习、培训使用。

译者序

　　精益六西格玛管理是精益生产与六西格玛管理的结合。精益六西格玛不是精益生产和六西格玛的简单相加，而是两者的互相补允、有机结合。到目前为止，应用精益六西格玛进行改善的企业大多数还是集中在制造业领域内。在金融危机和激烈的市场竞争环境下，中国的企业如何以更低的成本、更高的质量、更短的周期，制造出令客户最满意的产品，关系到企业的生存。本手册中的各种方法、措施来源于生产管理实践，是对精益六西格玛管理的积累和提炼，对制造型企业推广精益六西格玛管理具有指导作用。

　　本手册汇集了精益生产和六西格玛管理的基本概念和常用工具，所述内容简明扼要，丰富翔实，论述充分，结构合理完整，代表了近年来最新的生产管理模式，具有先进性和实用性；强化了精益六西格玛方法的实践性和可操作性，对各部分的内容进行了归纳和总结，明确了实施的步骤和要求，同时还附有大量的案例，具有较强的实用性。

　　本手册由迈克尔·乔治、约翰·马克西等编著。编写成员均为精益六西格玛管理资深专家和大师，在机械制造行业久负盛名，为多家知名企业提供过精益六西格玛管理咨询服务，并取得了许多成功经验。

　　本手册具有语言通俗、图表简洁、读者易学易用、可操作性强的特点，尤其适合企业在推广精益六西格玛管理时使用。国内虽然出版了大量的精益六西格玛管理方面的书籍，但是，尚缺乏操作层面的指导性手册。本手册非常具有实用性，相信在国内出版后，必将能够满足致力于精益六西格玛实践的读者的需求，受到广大读者的欢迎。

本手册内容编写得便于随时查用，适合制造业管理人员及相关从业人员阅读和使用，也适合开展精益六西格玛管理的企业学习、培训使用。

全手册译文由曹岩、杨丽娜统筹与审稿，参加翻译和资料整理的译者还有曹森、白瑀、杜江、范庆明、方舟、姚慧、王智杰、穆龙涛、解彪、李靖、董雪娇、贾立伟、高妮萍。

由于时间及译者水平所限，存在错误在所难免，希望读者不吝指教，在此表示衷心感谢。

译　者

致　谢

　　完成这本书需要许多专业知识。感谢比尔·劳森、马尔科姆·厄普顿、比尔·卡斯特勒、金姆·布鲁斯、斯蒂芬·威尔逊和乔治集团所有提供专业知识的人员。感谢苏·雷纳德在写作、编辑和版面设计方面的工作。感谢布伦达·奎因的校对工作。感谢劳森通信提供的图片支持。

目　录

第1章

使用 DMAIC 改进速度、质量和成本

DMAIC（发音是"Duh-MAY-ick"）是一种在商业中广泛应用的解决问题的结构化方法。五个缩写字母分别代表六西格玛的五个发展阶段：界定（Define）——测量（Measure）——分析（Analyze）——改进（Improve）——控制（Control）。在这些阶段中，逻辑上需要经过界定问题，与潜在因素相关的解决方案实施，构建最好方法以保持解决方案的实施等步骤。

界定	测量	分析	改进	控制
• 审查项目章程	• 深度理解和聚焦价值流程图	• 确定关键输入	• 开发潜在的解决方案	• 实施防错措施
• 确认问题陈述和目标	• 识别关键输入、过程和输出矩阵	• 识别潜在基本因素	• 评估、筛选、优化最佳解决方案	• 制订标准操作规程、培训计划和过程控制要求
• 确认企业和客户的声音	• 开发操作界定	• 减少潜在基本因素	• 开发"未来的"价值流程图	• 实施解决方案和持续的过程测量
• 确认财务收益	• 制订数据采集计划	• 确认基本因素对输出的影响	• 开发和实施试点方案	• 识别应用项目经验的机会
• 确认高级价值流程图和范围	• 确认测量系统	• 预估基本因素对主要输出的影响	• 确认达到预计目标	• 完成控制阶段
• 创建沟通计划	• 采集基准数据	• 优先考虑基本因素	• 开发全面实施计划	• 将监测/控制转交给过程拥有者
• 选择和创建团队	• 确定过程性能	• 完成分析阶段	• 完成改进阶段	
• 开发项目计划	• 完成测量阶段			
• 完成界定阶段				

应用改善（Kaizen）识别并实施快速改进

何时使用 DMAIC

在维持基本过程、产品和服务的范围内，DMAIC 的结构鼓励创造性思维。如果你的过程被严重破坏而需要从头开始，或者你正在设计一个新的产品、服务或过程，应使用精益六西格玛设计（DMEDI），这些情况不包括在本书讨论的范围内。

筛选 DMAIC 项目

本书假设大多数读者将要从事的 DMAIC 项目都是由管理者或者赞助商为他们筛选的。如果不是这种情况，而是你参与到项目的筛选过程中，可以快速浏览本章末的项目选择内容（见 P24）。

DMAIC 的实施方法

DMAIC 的实施方法主要有以下两种：

1）团队合作项目方法

- 技术专家全天候对项目展开部署。
- 项目的团队成员兼职项目工作，穿插在常规工作中完成。
- 全体团队成员充分参与到 DMAIC 的所有阶段中。
- 持续时间取决于规模可以是 1～4 个月（有一些时间较长；时间短一些会更好，因为你可以更快获得收益）。

2）改善（Kaizen）方法

- 快速（一周甚至更短）、紧张地完成除全面实施之外的 DMAIC 其他部分工作。
- 由一个小组（例如，团队领导和一位黑带）完成界定阶段，有时包括测量阶段的准备工作。
- 剩下的工作由全体工作人员在几天或一星期内完成。他们需暂时放下常规工作，全力以赴完成项目

DMAIC 的基本步骤（见 P4～14）适用于以上两种情况。更多的改善方法请见本章后面的内容（见 P19～24）。

是否有必要完全遵循 DMAIC?

DMAIC 是一种有价值的工具,可以帮助人们找到针对长期或棘手的业务问题的永久性解决方案。它的基本结构适用于各种各样的情况,但使用 DMAIC 涉及时间和费用。因此,你应该对使用 DMAIC 的成本与跳过一些步骤或跳跃至解决方案的收益和成本进行权衡。如下两种情况应遵循 DMAIC 所有步骤:

1) **需要解决的问题是复杂的。** 对于复杂问题,成因和解决方案都不明显。要想找到复杂问题的根源,需要将不同领域的拥有不同知识或经验的人员聚集起来。在找到问题成因的线索前,可能需要收集大量的不同的数据。

   如果你有一个简单问题(或者你认为简单的问题),通常可以不用经历 DMAIC 的所有步骤。一个有经验的人员就可以收集并分析数据,从而找到解决方案。

2) **解决方案的风险很高。** 在将解决方案应用于客户和工作场所之前,DMAIC 方法的一个关键部分是开发、测试和精炼解决方案。因此,实施风险很高的任何时候都应该使用 DMAIC,即使你认为有一个很明显的解决方案。然而,如果你碰到一个明显的问题且实现解决方案的风险不高,即对过程损害很小、对客户影响很小或者没有影响并且成本不高的情况下,就尝试一下使用适当的"方案实施"的流程,请参阅第 11 章。

对于大多数项目,跳过 DMAIC 的任何步骤都是有风险的。 DMAIC 每个阶段之间的连接逻辑关系是成功的关键。但是我们认识到,想要直接跳转到解决方案并尽快得到改进结果是人的天性。

如果你认为有一个明显的解决方案且风险极小, 你可以试着跳过 DMAIC 的一些步骤。但在此之前应先回答以下问题:

- 有什么数据可以证明这个方案是最佳解决方案?
- 怎样才能知道这个方案真的可以解决目标问题?
- 这个方案可能存在的缺陷是什么?

如果你不能提供数据支持你对上述问题的答案,就应该按照 DMAIC 的所有步骤来操作。

- 如果你想跳过一些步骤，见 P149 关于测试明显的解决方案的指导原则。
- 如果你遇到的是一个"简单的问题且有明显的解决方案"，但又不能提供可以证明解决方案有效的数据，就要创建一个完整的 DMAIC 项目。

界　定

目标

令团队和赞助商就项目的范围、目标、财务和绩效指标达成一致。

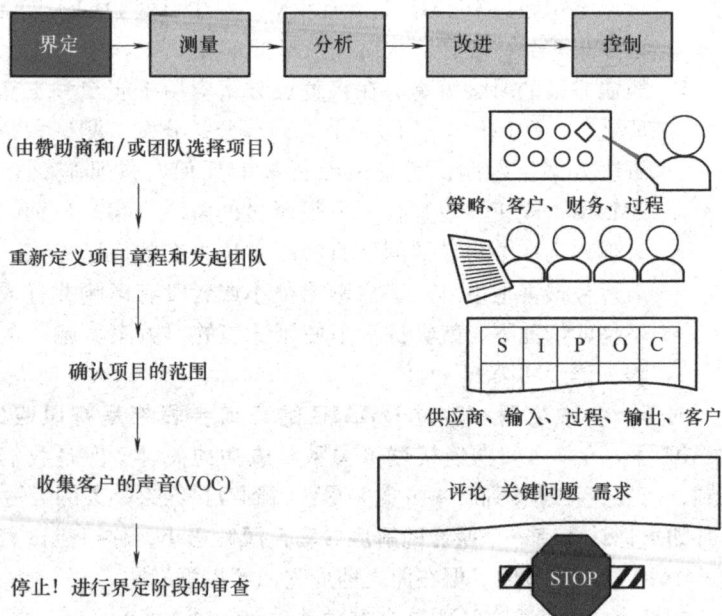

开始前的准备

- 由赞助商提供的项目章程草稿。
- 资源分配（团队成员的时间、初步预算）。

成果

1. 完整的项目章程（包括问题陈述、商业影响、目标、范围、时间表、明确的团队）。

2. 要有文档表明什么客户（内部的和外部的）被或将要被该项目影响以及他们所需要的是什么。

3. 高级过程图，至少有一个 SIPOC 图（见 P37）。

4. 完整的项目计划。不同公司的要求不同，但经常包括甘特图、利益相关者分析、阻力分析、风险分析、行动记录、责任分配和沟通计划（不包括在本书中）。

5. 项目启动会议的结果应表明团队对项目目标、章程、成果和团队责任已达成共识。

界定的主要步骤

注意：有些公司有足够的团队来完成所有的工作；另一些公司会让黑带在组成团队之前就做一部分或全部的准备工作。总之，根据自己的情况做有意义的事。

1. **审查项目章程**。团队讨论赞助商提供的章程草稿，解决存在的问题，根据需要协商或调整项目的范围、资源、时间、团队成员。

2. **确认问题陈述和目标**。审查现有的数据或其他信息资源以确认所考虑的问题：

   - 实际存在性。
   - 对客户来说是否重要（通过收集客户的声音）？
   - 对商业来说是否重要（通过收集商业信息）？
   - 用精益六西格玛（DMAIC）方法能否如预期地合理改进？

3. **确认财务收益**。使用现有的数据来计算项目当前的成本、盈利、利润率或其他相关财务指标。如果达到项目目标，预估其财务影响并验证是否能达到期望的经营状态。

4. **创建/确认过程图和范围**。记录过程中的主要步骤（用 SIPOC 图，P37）以核实项目范围；看看是否存在能提供时间、缺陷/错误、返工等方面的测量基准的数据。

5. **创建沟通计划。**识别项目参与者和利益相关者（赞助商、客户、管理者、过程操作者等），制订计划让他们了解项目进展并/或参与到项目中。

6. **开发项目计划（进程、预算、重要转折点）。**

7. **完成界定阶段审查。**

界定阶段的审查单

A. **更新的项目章程**

- **问题陈述**：详细说明遇到问题的时间，问题是什么，问题的重要性，问题的影响或后果（例如，对客户的品质关键点期望的影响）。确保问题陈述的焦点只是在问题症状上（而不是在原因或解决方案上）。

- **主要利益相关者**：他们是谁？如何参与到项目中？如何与他们沟通进展情况？

- **商业影响**：反映预期的财务收益和假设。

- **目标陈述**：清楚地标示出需要改进的关键输出指标（Y）。

- **核实项目范围**：范围要足以实现项目目标而又能在项目计划时间表内完成。

- **高层项目计划**：显示项目预定的完成日期和中间的重要转折点。

- **团队成员名单**：代表了主要利益相关者和知识与技巧的合理搭配（尤其是关于当前过程的）。

B. **客户信息文档**

- 被认定的主要外部和内部客户。
- 采集到的客户的声音。
- 客户需要用重要性和优先性来评估（通过 Kano 分析，示例见 P62）。
- 衡量客户需求的能力。

C. **高级流程图和/或 SIPOC 图**（P37）

- 高级流程图显示了主要步骤或活动（细节见测量部分）。
- SIPOC 图能完全识别主要供应商、输入、过程边界、输出和客户（应显示出过程边界与项目目标相对应）。

- 主要过程输出变量（KPOV），如时间、质量和成本指标（表示过程与项目目标的关联）。
- 可选项：时间、延误、队列、缺陷等的关键数据（见 P46）。如果现在不采集这些数据，就要在测量过程中收集。

D. 详细的项目管理计划

- 更详细的活动安排，尤其是测量部分（例如，使用甘特图）。
- 被项目影响的利益相关者名单和他们的期望与关注。
- 已确定的利益相关者及其关注的沟通计划。
- 风险管理计划。
- 能够阻碍团队的障碍的识别（可能需要黑带和赞助商的帮助才能克服这些障碍）。

界定小贴士

- 如果你花去了 1~2 天的专职时间或 1~2 周的业余时间在界定上，那就说明项目范围可能太大或太模糊。与赞助商或管理者讨论看看能否重新划定项目范围（选择一个范围较小的主题），将项目分成不同阶段，或者调整团队成员以提供必需的知识/资源来完成任务。
- 像小型改善活动一样界定，把人员集中起来开半天或一天会，完成所有必需的工作（不允许中断），来提高 DMAIC 的速度。在工作时将文件贴在墙上，这样可以让赞助商在会议结束时了解相关信息。
- 捕捉客户需求需要周密的工作，因为可以揭示重要的关键输入变量（X）。
- 确保团队是均衡的。尽可能地将来自被研究的过程上游和下游的成员都包括在内。
  - 如果项目需要其他领域或专业的帮助（如信息系统、金融、市场营销），应尽早建立联系。让来自这些领域的代表坐在同一团队会议上，也可以让项目团队成员和他们一对一面谈。

测　　量

目标

彻底了解当前过程的状态并收集关于过程速度、质量和成本的可靠数据，以用来揭示问题的根本原因。

成果

- 充分开发出当前状态的价值流程图。
- 关于关键输入（X）和关键输出（Y）的可靠性数据，被用来分析缺陷、变异、过程流和速度。
- 测量过程能力的基准，包括过程的西格玛质量水平和生产周期。
- 改进目标的精炼界定。
- 一个有能力的测量系统。
- 修订后的项目章程（如果数据的解释被授权发生了变更）。

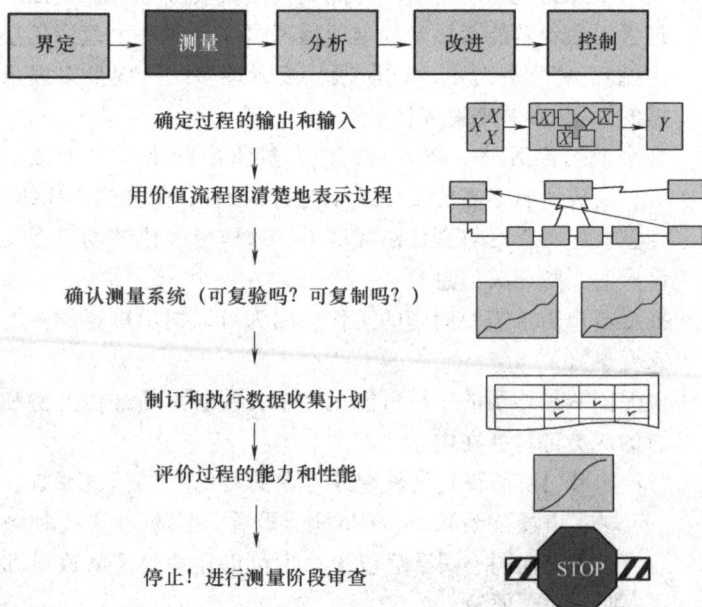

确定过程的输出和输入

用价值流程图清楚地表示过程

确认测量系统（可复验吗？可复制吗？）

制订和执行数据收集计划

评价过程的能力和性能

停止！进行测量阶段审查

测量的主要步骤

1. **创建/确认一个价值流程图来验证当前的过程流程。** 开始时用一个基本的过程图（见 P38）或部署流程图（见 P42），添加缺陷、时间和其他过程数据来形成价值流程图（见 P44）。

2. **识别项目的输出、输入和过程变量。** 需要采集项目目标和目标客户相关的数据。

3. **创建数据采集计划，包括所有测量的操作界定。**

4. **创建数据分析计划。** 验证将采集的数据可以使用哪种工具（见 P71），根据需要修改数据采集计划。

5. **使用测量系统分析与量具重复性和再现性**（见 P87）**或其他程序来确保准确的、一致的、可靠的数据。**
   - 如果要使用测量仪器，最近又没有校准过，要确保先校准。
   - 确保所有指标的操作定义（见 P75）被所有数据采集者使用。

6. **采集数据以建立基准。**

7. **应用采集的数据更新价值流程图。**

8. **运用利特尔法则**（见 P197）**计算生产周期。**

9. **执行过程能力评估**（见 P135）。

10. 如果数据分析和风险分析显示，可以进行快速的改进，则你现在就能得到局部收益（确保你处于测量和显示改进的位置），然后继续进行项目。
    - 使用改善方法或最低限度地遵循指导方针实施明显的解决方案（见 P149）。
    - 如果突然产生解决方案的想法，但风险很高或未知，记录下来潜在的实施想法，但仍继续进行 DMAIC 项目。

11. **准备测量阶段的审查。**

测量阶段的审查单

A. **详细的价值流程图（VSM）**
   - 参与创造价值流程图的成员文档（应包括操作人员代表、

技术专家、监察人员，可能还有客户和指定供应商）。

- 价值流程图显示了与项目相关的主要过程步骤，以及这些步骤的库存/在制品、生产周期、队列、客户需求率（生产节拍）和周期时间。
- 明确识别的供应商和客户链；充分理解的输入和输出。

B. 数据和指标

- 识别出的主要过程输入指标（KPIV）和输出指标（KPOV）的清单，并检查与 SIPOC 图的一致性。
- 表明主要的过程输出指标（KPOV）是如何与客户需求的（CTQ）品质关键点相联系的。
- 标记那些被选择的作为主要改进重点的主要过程输出指标（KPOV）。
- 创建、测试和实施用于所有指标的操作界定（见 P75）和数据采集计划（见 P71）。
- 用于保证数据的精度、一致性和可靠性的测量系统分析（见 P87）或其他操作的记录。
- 记录数据采集的问题或挑战以及是如何处理的。
- 记录所做的任何假设。
- 将完成的数据采集表备份或打印输出。

C. 性能分析

- 收集过程输出的时序性数据，绘制成控制图（见 P120），并分析常见及特殊原因（见 P130）。
- 关键输出指标（Y）的基准性能（见 P132）计算。
- 根据外部客户需求或内部性能预期来制定产品及服务规范（注意所做的所有假设）。
- 关于性能评估（例如，测量过程是否稳定？是否如预期分布？）的可靠性文件。
- 根据改变平均值、减少变异或两者同时，来限制项目目标。

D. 更新项目章程和计划

- 更新项目章程、财务收益和时间计划表以反映新的知识。
- 重新评估项目风险。

- 可能影响项目成功的问题/关注的记录。
- 关于继续进行项目是否具有商业意义的团队建议。
- 可供分析的详细计划，包括需要赞助商认可的一切信息（改变项目范围、预算、安排时间、资源等）。

E. 快速改进

建议立即实施的行动，例如：

- 可以消除非增值的过程步骤、特殊原因变异的来源等，以改进过程时间和/或性能。
- 实施所需资源（预算、培训、时间）。

测量小贴士

- **一定要检查测量系统**。如果得到的是不可靠的数据，将会浪费大量的时间和精力。使用测量系统分析（见 P87）或量具重复性和再现性（见 P88）。
- 确保团队明白生产周期、生产节拍（客户需求率）以及过程能力的区别。这些都是常见易混淆的。
- 手动建立价值流程图，包括过程中每一个步骤使用的工具的图片、模板、文档或其他设备。这帮助团队成员"看见"在过程中到底发生了什么。

分　　析

目标

确定并验证影响项目目标的关键输入和输出变量的原因（"找到关键 X"）。

成果

- 在分析中要考虑的潜在原因的文档。
- 数据图和其他分析结果，表明有针对性的输入和过程（X）变量以及关键输出（Y）之间的联系。
- 识别增值和非增值工作。

● 过程运转效率的计算。

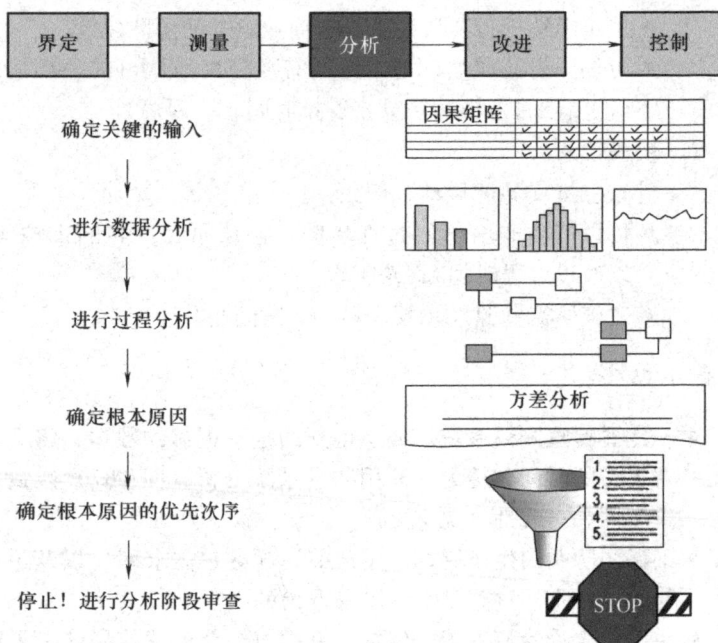

| 界定 | → | 测量 | → | 分析 | → | 改进 | → | 控制 |

确定关键的输入

进行数据分析

进行过程分析

确定根本原因

确定根本原因的优先次序

停止！进行分析阶段审查

因果矩阵

方差分析

STOP

分析的主要步骤

1. **进行价值分析**。识别增值、非增值和商业非增值步骤（定义见 P49）。

2. **过程运转效率的计算（PCE）**。与世界级的基准相比较，以帮助确定需要改进的程度。

3. **分析过程流**。识别过程中的瓶颈难点和约束条件、附带后果和返工点，并评估它们对过程生产能力的影响以及过程能力能否满足客户需求和 CTQs。

4. **分析测量中采集的数据**。

5. **形成理论来解释说明潜在原因**。通过头脑风暴法、FMEA、因果关系图或指标以及其他工具，来找到所观察到的影响的潜在原因（见第 8 章）。

6. **缩小寻找范围**。通过头脑风暴法、选择和优化技术（排列图、假设检验等），来缩小寻找根本原因和重要因果关系的范围。

7. **采集更多数据验证根本原因**。采用散布图或者更复杂的统计工具（如假设检验、方差分析或回归），来验证一些重要关联。

8. **准备分析阶段审查**。

分析阶段的审查单

A. 过程分析

- 过程运转效率的计算。
- 过程中哪里存在流程问题。

B. 根本原因分析

- 关于被认为是潜在的关键过程输入变量（KPIV）的值域（例如，P144 的因果图、P264 的 FMEA）的文档。
- 关于如何缩小潜在因素列表（如分层、多轮投票、排列图分析等）的文档。
- 统计分析和/或数据图表能够确认或推翻因果关系并标明关系强度（散布图、试验设计结果、回归计算、方差分析、变异组件、生产周期计算等显示通过消除非增值活动可能发生多大程度的改进，等等）。
- 关于在改进阶段中将针对哪些根本因素采取行动（包括用于选择的标准）的文件。

C. 更新章程和项目计划

- 关于在改进阶段可能发生的团队成员变化（需要的专业知识和技能、影响的工作区域等）的团队建议。
- 修改/更新改进阶段的项目计划，例如，用于完成项目的时间和资源承诺。
- 团队对项目状态的分析（照常进行？仍旧关注初始目标是否合适?）。
- 团队对当前风险和加速潜力的分析。
- 改进分阶段实行计划。

分析小贴士

- 如果发现有快速改进的机会，就采用改善方法予以实施，获得即时局部利益，然后项目继续。

- 对自己采集的数据必须严格要求，采集的数据必须能帮助理解所研究的问题的原因。避免"分析麻痹"：浪费宝贵的项目时间在采集不能推动项目前进的数据上。

- 这是项目中一个很好的时机，庆祝团队成功找到关键输入（X）及实施一些快速局部改进。

改　　进

目标

从选择的项目解决方案中获得指导，全面执行实施方案。

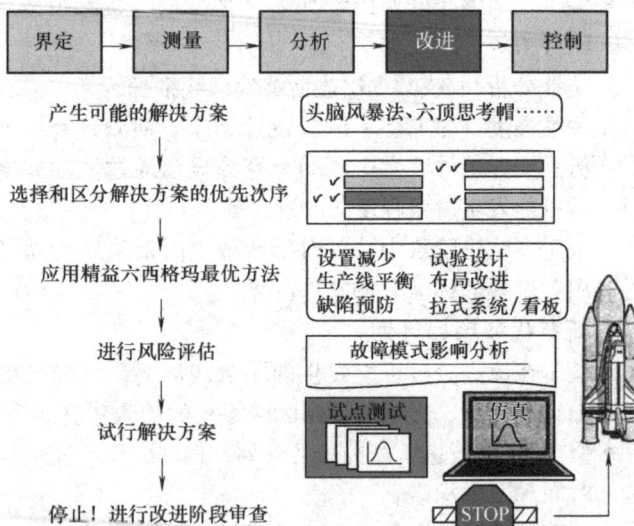

成果

- 对于质量改进项目：经验证的、稳定的解决方案，该方案能够影响对关键输出（Y）产生影响的经证实的原因（X）。

- 对于精益项目：关于应用选择的精益最优方法或解决方案的结果的文档（5S、拉式系统、四步快速设置等）。

- 稳定的、可预测的并满足客户需求的改进过程。

改进的主要步骤

1. **开发潜在的解决方案**。使用确认的因果关系（来自分析阶段）来识别各种不同的潜在解决方案。这是推动创造力过程中被高度期望的一步。

2. **评估、筛选并优化最佳解决方案**。充实解决方案、开发标准和评估备选方案，记录结果（见 P250 的开发和使用评价标准、P252 的解决方案选择矩阵、P259 的 Pugh 矩阵）。保持开放的态度变更或结合选项来优化最终选择结果。如有必要，执行设计试验（见 P181）以找到组合因素的最优设置。

3. **开发"未来的"价值流程图**。修正现有的价值流程图（VSM）来反映改变后的过程状况，包括预估节省的时间、质量改进等。

4. **开发和实施试点方案**。记录试点方案里执行的任务，培训试点参与者，记录试点实施结果和改进想法。

5. **确认达到项目目标**。将结果与基准做对比。

6. **开发并执行全面实施计划**。

7. **准备改进阶段的审查**。

改进阶段的审查单

A. 解决方案的开发和筛选
- 关于所考虑的备选解决方案的文档。
- 数据显示、统计分析或其他用于开发解决方案的工具的文档。
- 用于评估解决方案的加权标准的清单；解决方案矩阵或其他评估结果汇总（应包括工作获利、成本、实施的方便性和时机、资源需求等）。
- 过程参与者和拥有者提出的问题清单，并记录这些问题会怎样或将会怎样处理。

B. 试点测试
- 修订的过程以及标出过程中变化的文档（包括"未来

的"价值流程图)。

- 关于过程参与者、客户、拥有者之间沟通（视情况而定）的文档。
- 数据显示、统计分析或其他显示试点测试或仿真结果的文档。
- 在试点测试中所学到的东西，以及全面实施过程中的改进计划的文档。
- 确认试点解决方案可以实现项目目标（包括之前和之后、假设检验等）的文档。

C. 全面实施

- 全面实施计划文件。
- 风险管理计划（避免、减少或缓和风险）。
- 解决监管（如 OSHA）、法律、财务或其他业务需求的计划。
- 全面实施结果文件（尤其是显示稳定性能的数据）。

D. 更新章程和项目计划

- 更新项目章程、财务收益及进度。

改进小贴士

注意：警惕在改进阶段的"范围延伸"——超出项目界定范围的趋势。让团队对项目章程的范围保持关注。

控　　制

目标

完成项目工作，并将改进的过程以及将保持收益的程序转交给过程所有者。

成果

- 将改进的过程返回至过程所有者、参与者和赞助商的文件化的计划。
- 关于过程指标的之前和之后的数据。

- 操作、培训、反馈和控制文件（更新的过程图和指示、控制图表和计划、培训记录、可视化过程控制）。
- 监控解决方案实施的系统（过程控制计划），以及用于过程定期审核的具体指标。
- 完成的项目文档，包括经验总结和关于进一步行动或好时机的建议。

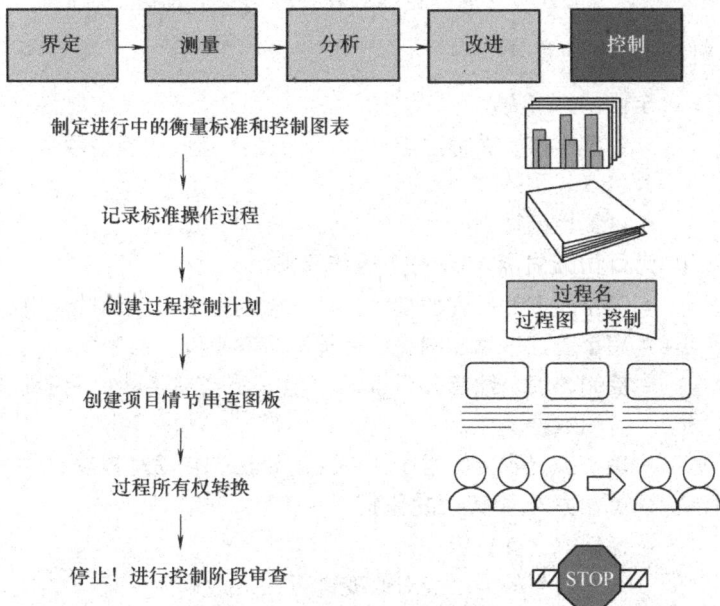

控制的主要步骤

1. **开发支持性研究方法和文件**来支持全面实施过程。
2. **启动实施。**
3. **锁定执行收益**。通过防错法（Mistake-proofing）或其他措施来防止人们以旧的方式完成工作。
4. **实施监控**。通过观察、交互和数据收集与处理，适时进一步改进。
5. **开发过程控制计划并将控制转手至过程所有者。**
6. **审核结果**。确认改进措施，并在合适的地方用货币值量化出来。将审核计划交给公司审核小组。

7. **项目定案：**
   - 记录关于公司在哪些方面应用项目的研究方法和经验总结的想法。
   - 掌控控制阶段的审查。
   - 与组织中的其他人沟通项目研究方法及结果。
   - 庆祝项目完成。
8. **项目完成几个月后，验证过程性能和财务收益。**

控制阶段的审查单

A. **全面实施结果**
   - 数据图表、其他之前和之后的文件显示实现的收益与项目章程相一致。
   - 过程控制计划。

B. **为可持续发展准备的文件和措施**
   - 关于改进的过程的必要文件，包括主要程序和过程图。
   - 用于监控过程性能和维持解决方案有效性的程序。
   - 控制图表、性能分析以及其他显示当前性能以及验证收益的数据。
   - 用于锁定收益的程序文件（防错法、自动过程控制）。

C. **认可、共享和庆祝的依据**
   - 证据或文件显示：
     - ——适当的人已经对改变进行评估并签字。
     - ——过程所有者接管了持续运营管理的责任。
     - ——一般来说，项目工作已经在工作区域和公司内共享（应用项目数据库、公告板等）。
   - 从项目中总结的经验教训。
   - 项目中没有处理的问题或时机清单（被认为是将来项目的候选）。
   - 可以在其他项目中使用的本项目研究方法的时机识别。
   - 关于庆祝辛苦工作并取得成功的计划。

控制小贴士

   - 在一系列的会议上、培训项目和团队与过程参与者参加的预定检查中，**建立一个现实的过渡计划**（避免盲目转接实施计划）。

- **在控制阶段审查 6 ~ 12 个月后，安排一次验证检查。**确保项目赞助商、当地管理者/财务代表验证结果是适合并稳定的。

- **永远不要期望完美无缺！**总会有不足之处。利用 FMEA 开发快速响应计划（见 P264）处理一些意外失误，确认当问题出现时，谁会是"快速响应团队"的一员。必要时从赞助商处获得人员使用许可。

- **开发过程参与者易于参考及应用的工具。**保持对过程运转的关注很困难，因此需要让人们尽可能容易地自动监控工作，对于人们来说要尽可能简单。

- 在将一个新的过程管理责任转交之前，必须制定出操作指南。转移正在研究的过程（至赞助商或过程所有者）会影响项目的成功完成。

改善（Kaizen） DMAIC

改善（Kaizen）是一种在任何环境中都能加速流程改进步伐的方法。它是在生产制造环境的精益研究方法应用中发展起来的，已经适应了更广阔的 DMAIC 框架。

改善方法的特性

术语"改善"（Kaizen）适用于员工脱离日常工作的所有密集型项目。

- 团队全职工作 3 ~ 5 天（与在 3 ~ 6 个月内进行项目工作的典型团队方法相对）。

- 专用资源：

——参与者在过程的改善项目上倾注所有的时间。

——参与者应得到好像脱离常规工作休假的待遇。

——项目工程赞助商、项目领导者以及参与者必须合作来安排以完成工作。

——在项目工作时间内处理电子邮件、语音信箱等减至最少（如果不是完全禁止）。

- 项目已经完整界定。
  - ——如果没有时间重新界定目标或范围，就应该提前界定好边界。
- 基础数据已经收集就绪（通过黑带或团队领导者）。
- 即刻执行实施计划。
  - ——行动的倾向（有 70% ~ 80% 的信心时就行动，与典型 DMAIC 项目中要有 95% 的信心才可能行动相对）。
  - ——尽可能在一周内完成实施计划。
  - ——现在做一些"基本正确"的事情是可以的（与等待直至解决方案被进一步改进的典型 DMAIC 方法相对）。
  - ——不能在改善项目内完成的事项会在 20 天内完成。
- 管理在各个方面（系统维护、信息技术、人力资源、市场营销等）对改善项目进行支持。

何时采用改善

- 有可识别的明显的浪费资源现象时。
- 当问题的范围和边界是明确界定的和被理解的时。
- 实施计划风险极小时。
- 即刻需要结果时。
- 在部署的早期阶段，为获得推动力和建立 DMAIC 解决问题方法的可信性时。
- 当有机会来消除明显的不稳定来源，并通过流程图、工作区域巡查、数据收集等方式确认废料时。

如何实现改善 DMAIC

A. 界定（预备周）

- 清晰地定义改善目标。
- 选一位改善领导者，通常是区域领导者、团队领导者或与过程活动密切相关的人会成为改善团队领导者。
  - ——确保改善团队领导者或引导者参与到项目计划或范围中。
- 选择并告知参与者。最好有 6 ~ 8 名团队成员，包括至少

2 名直接在过程区域中工作的人员（过程工作人员），1 名在过程区域监督或领导的人员（主管人员）。按重要性，组成团队如下：

——来自直属上游过程的人员。

——来自直属下游过程的人员。

——来自直接支持所研究的过程的人员，如信息技术、财务、采购、工程等领域。

——项目管理人员，如部门经理、运营经理、工程经理等。

——其他可能提供有用见解的部门（人力资源、销售和营销、公司职能或其他部门）。

- **准备培训和材料**（如果需要）。针对项目核心进行适当的培训，复制培训手册供团队使用。为改善生产车间制作海报大小的工作表。

- **收集背景信息**，包括关于问题、客户等的现有数据。

- **完成后勤计划**——会议室、工作区参观、餐饮、城镇外来人员住宿、所需供给等。

- **为参与者缺席的工作和/或对工作地点造成的影响做好预先安排。** 在生产制造上，生产一些在制品（WIP）来代替改善相关的停产（例如，团队想要实施新的方案减少过程设置，需要将机器停下来并尝试新的技术）。在服务方面，安排临时员工、轮班制或其他方法保证客户服务不会中断（就像有人要去度假时你要做的一样）。

- **管理者/赞助商参与的安排。** 计划由高层管理者进行激励性的、表示赞赏的项目启动。赞助商应该在每天结束时检查，并提供指导和批复。

- **联系在预备周内你所需要的支持部门或职能。**

——信息技术（为潜在的软件/编程需求或创意做准备）。

——设施管理（如果工作规划改变，所需要的工作场所、潜在支持等）。

B. 测量（预备周及星期一）

- 验证过程的价值流程图。如果必要的话，为所有操作或任务制定资源流动规划（人员、纸张、材料、机器、信息）。

- 在选定过程中仔细观察，然后采集任务或步骤的所需指标。

——改善领导者应该确定在预备周期间收集初步数据是否有帮助。

C. 分析（星期二至星期三）

- 快速确认根本原因并识别浪费的根源。
- 审查浪费消除技术，然后对过程改进采用头脑风暴法，消除非增值任务和减少变异。

典型改善计划	
准备周	黑带和赞助商界定项目，筛选改善领导者（通常是团队领导者），识别参与者。黑带和领导者汇集背景资料，准备培训，做好后勤保障
星期一	（通常从中午开始）黑带和改善领导者向团队简介**界定阶段**决策。如果需要，提供培训。解决关于项目章程的问题。通过创建/确认价值流程图（包括过程观察）开始**测量阶段**
星期二	继续**测量**直至所有数据收集齐全，尽快进入**分析阶段**，以识别并确认根本原因
星期三	到星期三下午，应该进入**改进阶段**，致力于研究解决方案（开发标准，评估备选方案，开展试点）
星期四	完成**改进阶段**并进入**控制阶段**（开发新文件，开发全面实施计划）
星期五	通常是在中午，团队提供结果给管理者，获得计划批复，解决问题
后续	黑带、改善领导者和过程所有者（如果合适）帮助指导全面实施计划和解决方案的监控。如有必要，做出调整

D. 改进（星期三至星期四）

- 创建行动项目清单来完成改进。
- 实现过程改进，培训员工然后进行测试，调整并确保过程可行。

E. 控制（星期四至星期五）

- 创建标准操作程序来记录并保持改进。
- 将结果提供给管理团队，完成后续工作，制订随着时间的推移对结果进行监测的计划。

参与改善项目的管理者/赞助商

1. 项目启动

- 计划由高层管理者带领团队进行激励性的、表示赞赏的项目启动。

2. 预备周中期的审查会议

- 目标：由局部管理团队审查分析成果以及提出的关于实施计划的改善活动之后，解决任何影响团队实施计划的障碍，并从管理团队那里获得继续执行所提出的改善实施计划的理解和批准。
- 组织会议的职责：改善项目团队领导者。
- 时间安排：星期一下午项目启动，会议通常将在星期三下午 1：00 ~ 2：30 召开。
- 时限：每个项目团队 30min。
- 与会者：改善项目团队领导者、团队赞助商、工作区域/设施管理者。
- 议程：
  ——全体审查改善项目的范围、目标和任务。
  ——团队领导者总结改善分析结果和结论。
  ——团队领导者介绍改善项目团队的改进活动和改进步骤。
  ——全体讨论并解决预测的可能发生的或真实的改进障碍，以及管理者识别出的任何问题或故障。
  ——赞助商和管理者认可改善项目的修改部分，项目继续。

3. 最终陈述

- 目的：向赞助商和生产车间局部管理者通告发现及成果。
- 改善项目团队领导者和成员介绍发现及相应成果。

——说明团队如何进行改善的各个阶段。

——之前/之后的结果，包括相关数据图表、流程图等。

——记录维持收益所需。

——记录公开活动事项以及完成它们应尽的职责。

- 赞助商和管理者应该庆贺团队成员的成功，并感谢他们敬业的团队工作。

关于使用改善 DMAIC 的小贴士

- 如果你是改善团队领导者或引导者，在改善项目开始的前一周应该"走一遍过程"。
- 找一位经验丰富的改善或改进专家指导会议。
- 你可以使用你的工具箱内任意合适的改进工具——只要能在给定的时间内成功地使用它们。
- 在每天结束时，与你的赞助商一起使用日常目标工作表进行 10min 的审查——审查今天完成的工作以及明天的工作计划。
- 张贴图表和计划，让一切可视化。
- 逆向运行过程（从输出开始逆向工作）有益于产生改进想法。
- 准备一些识别改善团队的方式（如帽子、衬衫、印刷的证书等）。
- 在使用改善哲学时要有创造性。例如，许多传统项目开始的一两天进行一个小型改善，在这一期间团队工作完成整个界定阶段并有可能开始测量阶段。随后的密集型会议可以代替短期的周会或两周一次的会议。

项目选择

大多数团队成员并不加入改进项目，直至问题被确认。但是，如果你被要求参与选择并界定项目，这里有一个概述。

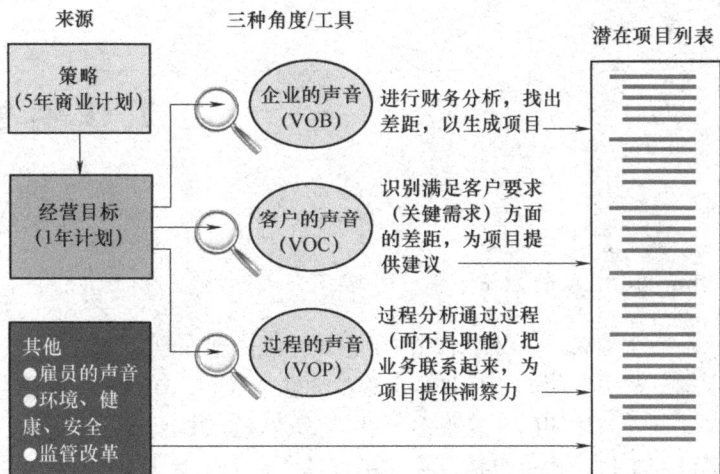

来源　　　　　三种角度/工具　　　　　　　　　　　　　　潜在项目列表

策略
(5年商业计划)

企业的声音
(VOB)
进行财务分析，找出差距，以生成项目

经营目标
(1年计划)

客户的声音
(VOC)
识别满足客户要求（关键需求）方面的差距，为项目提供建议

其他
● 雇员的声音
● 环境、健康、安全
● 监管改革

过程的声音
(VOP)
过程分析通过过程（而不是职能）把业务联系起来，为项目提供洞察力

（转载自 Alcan）

- 目标区域通常是通过观察什么对于业务是重要的（"价值杠杆"，如成本、收益、收入、客户群体等）来识别的，并通过不同来源（如客户/市场信息、过程数据、员工意见、监管变化等）收集创意。

- 项目选择过程是由基于一些关键标准的创意筛选开始的，这样列表更加便于管理。留下的每一个创意被分配给某个人，以进行更多调研和准备草案章程，提供关于潜在成本、收益、范围等的更多细节。然后将根据更严格的标准对这些章程草案进行评价，以选择最佳机会。

- 决定哪一个最佳候选项目最先实施时，应首先考虑什么对于公司和客户是最重要的这样一个战略决策。

第2章

工作创意

使用这些工具的目的

在一个项目中，团队工作的主要价值体现在创意和见解的产生。本章节中介绍的工具将帮助你的团队形成、组织并实行创意。

注意：对于团队，有很多可获得的良好资源用于"语言数据"的形成和工作。这里包括三种常用工具，它们还是本书中介绍的许多其他工具的一部分，都得到普遍使用。我们鼓励团队研究创造性工具和其他方法用于决策制定。

决定使用哪种工具

- **头脑风暴法**。它包含关于举办一次产生创意的讨论的基本方针。所有的团队都需要这种工具。
- **亲和图**（见 P28）。它是一种组织大型创意集合的方式，对于任何进行头脑风暴会议后的团队都是非常有帮助的，比如用于分析客户意见时，等等。
- **多轮投票法**（见 P30）。它是用于识别优先等级或缩小备选方案范围的一种方法。当你拥有太多的创意而不能合理处理的时候，这种工具很有帮助。

头脑风暴法

目的

为一个小组提供关于任何话题的各个方面的创意。

为何使用头脑风暴法

- 头脑风暴法可以在短时间内提供多种创意或解决方案。
- 头脑风暴法能激励创造性思维过程。
- 头脑风暴法能够帮助确保所有小组成员的创意被认可。

何时使用头脑风暴法

只要当你的小组想要确保一系列的创意被认可时，都可以使用头脑风暴法，具体包括：

- 完成项目章程的基本要素。
- 识别研究中的客户。
- 识别研究中的潜在因素。
- 识别收集数据的类型。
- 识别解决方案创意。

如何开展头脑风暴

1. 审查问题界定。
2. 明确目标/问题并提供所有相关信息。
3. 给大家几分钟时间安静思考问题并各自写下一些创意。
   - 为便于之后整合，要求大家将自己的创意写在便利贴或卡片上（一张便利贴或卡片上写一个创意）。
   - 鼓励创造性思维。对于头脑风暴法，没有创意是无法容忍的。
4. 收集创意
   - 举行一个圆桌会议，参与成员可以每次陈述一个创意或进行公开辩论，每个人在任何时候都可以毫无保留地陈述自己的想法。
   - 捕捉每一个创意：
     ——如果创意写在便利贴上，就张贴在墙上、看板或活动挂图上。
     ——或者让每个人大声读一个创意，以便抄写员可以把它写在活动挂图上并张贴在每个人都能看见的地方。

——如果进行原因分析，将创意填写在一个空白的因果图里（这样能确保所有分类都被考虑到）。

- 不允许讨论，直至所有创意收集完毕；只允许一些问题的说明（例如，"重要性"是对于我们还是我们的客户?）。
- 在分享交流会议期间，可以鼓励人们写下或添加新的创意。确保新的创意在便利贴及活动挂图上都可以被找到。
- 继续进行，直至每个人都出尽创意。

5. 整合相似的观点并讨论完整的创意系列。酌情使用其他工具：

- 使用亲和图（见 P28）或因果图（见 P144）寻找模式。
- 使用多轮投票法（见 P30）缩小项目范围或优先等级排序。

头脑风暴法的要求与禁忌

要求

- 在前几轮追求的是创意的数量（不一定考虑创意的质量）。
- 允许个人完成他们自己的想法。
- 以现有创意为基础。
- 陈述创意时简明扼要。
- 只有在头脑风暴法之后才能进行整理、分类和评估。
- 保存创意便利贴，即使已经将创意誊写到活动挂图上（便利贴在创建亲和图时能够再次使用）。

禁忌

- 批评创意（不允许出现"创意杀手"）。
- 在创意被提出时做出判断。
- 改述别人的创意。
- 允许任何一个人控制会议。

亲 和 图

目的

整合事实、意见和问题到自然群体中，以帮助诊断复杂情况或找到主题。

为何使用亲和图

- 有助于整合大量创意。
- 有助于在一系列创意中识别中心主题。
- 当有些问题的信息不能很好地整合时。
- 当需要有一个超越传统思维的突破时。

何时使用亲和图

- 用于组织 DMAIC 项目的任意阶段中头脑风暴法产生的创意。
- 用于找出通过访谈、问卷调查或小组讨论收集的客户报告的主题和信息。

如何创建亲和图

1. 收集通过头脑风暴法产生的创意，或通过访谈记录、调查等得到的客户需求报告。
2. 将创意写在卡片或便利贴上（一张卡片上写一个创意；尽可能保持接近最初的语言表述）。
3. 将便利贴随机粘贴在看板或活动挂图上；如果使用的是卡片，则随机放在桌面上即可。
4. 允许人员安静地对卡片或便利贴进行分组。
   - 可以移动其他人已经移动过的卡片或便利贴。如果你不认同观点的归属，誊写一个副本，然后将该观点放到两个组中。
   - 沉默是关键！不要让空谈家影响实干家。
5. 当收集工作完成后，为每个小组创建一个"标题"标签（在卡片或便利贴上）。
   - 一次完成一组的工作。
   - 要求参与者说明他们所看到的。
   - 要求他们为小组提议一个标签或核心主题。

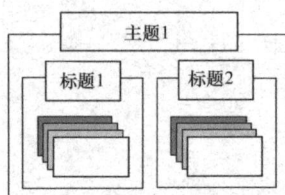

初始想法集合，用标题指明
团队认定的贯穿想法的线索。

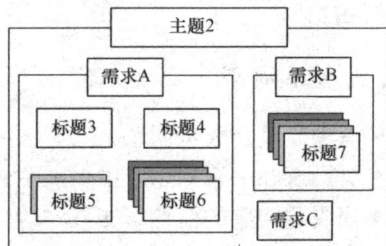

团队将集合归入更广泛的主题（嵌套的数量取决于实际需要）。
不能与其他想法归为一类的想法作为"只有一个元素的集合"。

- 把主题写在大张的便利贴或卡片（"标题"标签）上并置于集合顶部。
- 继续进行，直至标记完所有集合。

6. 可选：如果需要，可以进行第二轮的分组。收集每一个集合里只有"标题"标签的所有卡片或便利贴，为更大的集合创建"上一级"标题标签。

7. 完成图表并讨论结果。
- 你发现的模式如何影响你的行为？
- 如果你在制定客户需要，应基于这些需要开发需求。可能在开始之前需要分离基于 Kano 模型类别（见 P65）的需要。

多轮投票法

重点强调

这是识别优先顺序等级，或至少缩减创意清单选项的一种快捷方法。

多轮投票法的使用步骤

准备工作：这种方法假设你现有一份创意或选项的清单。在继续进行之前，去除重复并整合相关创意。

1. 排序每一个被考虑的创意或选项。

2. 将每一个创意写在活动挂图或白板上，让所有参与者可见。
3. 决定每个人将有多少张选票。
   - 经验法则：参与者可以多次投票，次数约为列表上项目总数的 1/3（例如，列表上有 33 个项目，就相当于每人有 11 张选票）。
4. 投票。
   - 决定人们是否能为一个项目多次投票，或者是否必须将选票分别投给不同的项目。
   - 最简便的方法：给每个人一支标记笔，让他们在活动挂图或白板上标出他们的投票。
   - 保密方法：让人们在一张纸上写出他们投票的项目编号，收集纸张并在活动挂图或白板上标记出投票情况。
5. 计票。

可选的解决方案	
（最高得分为 8 分）	
创意得分	
创意 A	总计
8，8，6，7，8，2	6/39
创意 B	
6，5，4，7，3	5/25
创意 C	
3，2，2，1	4/8

   - 统计选票并记录下每个项目总票数。
6. 决定行动路线。
   - 确认最高票数获得者。
   - 从所有创意中排除无票或少数票的。
   - 可选：如果获得最高票数的创意对你的目标来说还是太大，对这些得票数最高的创意再进行一次多轮投票（例如，第一轮投票中，在 33 个项目里确认了 12 个获得高票数的创意，再对这 12 个项目进行下一轮投票，这次每人只有 4 张选票）。

第 3 章

价值流程图和过程流程工具

使用这些工具的目的

- 将过程形成可视化的文件（包括在价值流程图上获得的关键数据）。
- 提供基于事实的对过程的描述，作为了解目前问题（薄弱的流程、返工周期、延迟等）以及把握机会的基础。
- 在这个过程中，使团队快速把握改进机会，着手界定关键的 Xs（根本原因）。
- 帮助团队了解，一旦消除浪费，一个过程应该如何运行（未来状态）。
- 帮助组织内外沟通。

决定使用哪种工具

- **创建过程图小贴士**（见 P33）给出了创建过程图的实用技巧，可根据需要审阅。
- **过程观察**（见 P35）提示员工去现场观察过程的真正运行情况。即使你认为你的团队成员已经拥有丰富的过程知识，但在过程改进项目的开始进行过程观察仍是一种好的思路。
- **SIPOC**（见 P37）是一个识别过程（边界、供应商的输入、过程输入、步骤、客户和输出）基本元素的简单图表。大多数团队都想在他们项目的开始制作一个 SIPOC 图表，来获得一个目标操作的高级视图（帮助赞助商与其他人的沟通）。SIPOC 是一个不错的工具，它把客户需求翻译成输出要求，并且识别相关的关键过程输出变量（KPOV）。
- **创建过程图的步骤**（见 P38），包括创建一个流程图的要素。

- **运输图和线路（工作流程）图**（见 P40）都是专业图，用独特的方法来描述工作流程的不同方面。浏览该图，看看它们是否对你的项目有所帮助。

- **泳道（部署）流程图**（见 P42）。当从三个或更多功能方面来研究一个过程的时候，它尤为有用。在过程的功能传递时，经常有一些不连续。此流程图可以有效展示许多传递、传输、队列和流程中的返工周期。

- **价值流程图**（见 P44）是一个"带有数据的过程图"——捕获过程数据（在制品的数量、设置时间、加工时间/单元、错误率、闲置时间等）的一种工具，也是一个流程。它是精益改进方法的基础。对于以加快过程和消除非增值成本为任务的所有团队来说，它是一种强制性工具（参见 P237 复杂价值流图）。

- **增值/非增值分析**（见 P49）指导在识别过程中的哪些工作对客户有价值，哪些没有价值。涉及过程改进的每个项目都应该建立项目实施前后的增值和非增值成本的水平。

- **时间价值图**（见 P51）和增值图（任务时间或节拍时间图）（见 P52）是可视化工具，强调如何将增值工作时间和非增值工作时间划分开。这类工具特别推荐那些正在考虑增值/非增值问题的团队使用。

创建过程图

主要原则

- **文档不能代替观察。** 你必须走完整个流程，让员工去发现日复一日真正发生的事。即使你认为对现在所研究的工作领域已经很熟悉，你也要这么做。

- **流程图是一种手段，而不是目的。** 不要全神贯注于创建一个完美的流程图，以致推迟项目的增值工作。流程图只要详细到对项目有所帮助就可以了。

- **边界流程图应该来自于项目章程。** 如果边界不明确，与你的赞助商核实。

- **包含一个跨职能的代表来创建流程图**,他代表那些在过程中工作的人。没有一个人会拥有整个过程所需要的所有知识。
- **流程图是要被使用的。**如果流程图只是摆在书架上或者停留于个人计算机中的话,并不会对你有多大帮助。应根据这些文件开展一些实践,使之真正有用;让所有的团队会议都参考这些流程图,并在培训中使用它们;每次过程改变都要对流程图更新,等等。

推荐的过程图

- 过程研究至少应该包括:
  - ——SIPOC 图。
  - ——可以识别增值与非增值的基本的价值流程图;适当地添加其他项目关键指标。
  - ——过程观察。
- 如果你在事务过程中工作,你可能会发现泳道/功能部署形式包含更多的信息,因为它强调个人或团队之间的传递。
- 如果你的项目关注于改善工作场所,用工作流程图可以得到工作场所的可视化图。

决定过程图的水平/宽度

高层视图:描述了主要元素和它们的相互作用。它应该显示出反馈和信息流动的作用,在早期的项目中对识别边界和范围是有帮助的(由于缺乏细节,所以对项目的改进没有多大用处)。

低层视图:描述过程的具体活动、工作流程、返工周期等。它对于一个有限范围的过程来说是有用的;而当你所需要的只是整个流程图的时候,它显得太烦琐。

选择当前的(原有的)/理想的(应当的或未来的)/更新的(将来的)版本

当前的/原有的:弄清楚目前运作的流程。大多数项目应该拥有一个当前项目的流程图。

——如果当前的版本问题太严重，就不得不重新设计主要过程，创建一个理想的/未来的流程图来替换它。

理想的/未来的/应当的： 其产生于"如果我们没有任何约束、我们可以从头开始，我们会怎么做"这样的发问。这样的疑问有助于团队用新的视角看待工作，从而以创新的思路更高效地工作。

- 通过快速构建只含有增值步骤的未来状态图，拓展团队的想象力。通过对当前的现实状态和理想的将来状态的对比，拓展流程改进思路。
- 应当的流程图必须与团队章程里制定的目标相一致。

更新的/将来的： 描述改变后的新的过程流程。制作一个将来流程图，作为解决方案的一部分，或者当设计或重新设计一个过程的时候。

小贴士

- 如果你指导另一个团队，试着在头脑中设想一下，项目结束的工作流程会是怎样的。这可以帮助你注意到所需要的状态和当前状态之间的差距。

过 程 观 察

重点强调

- 观察一个运行中的过程，可以使团队成员对现实状态有一个深刻的理解，从而激发关于改进机会和解决方案的创意。
- 如果将要做的事情以及如何捕获和使用别人洞察到的信息计划好，观察效果将最好。

观察一个过程

1. 明确观察目的。

   - 这是一次一般的演练还是有一个特定的目的（例如，观察一个特定步骤的交接）？

2. 识别观察员。

- 如果可能的话，观察员中应该包括有经验的和初学的过程操作者/员工。

3. 准备一个观察表格以及培训观察员。

- 创建一个表格来捕获过程数据或大体的印象。
- 培训所有观察员如何使用表格；在实践运行中，确保每个人以相同的方式使用表格。

4. 在工作场所配备员工。

- 在观察会议之前准备就绪，提醒在受影响工作区域的人注意观察的时序和目的。
- 获得过程所有者、监督者或管理者的许可；确保主持观察会议是可行的，并与过程操作者/员工交谈。

5. "走过程"，执行你的观察计划。

6. 让观察者总结经验教训，并将它们分享给整个团队，讨论结果。

- 尝试确定"最佳可重复的时间"。然后让你的团队讨论，如何使"最佳可重复"成为这个过程中每个步骤的标准。

过程观察表格示例
（重点是过程流程和时间）

被观察的过程：_____ 日期：_____ 时间：_____

步骤	描述	操作者	与上一步骤的间隔	任务时间	等待时间	在制品	观察结果
总计							

小贴士

- 如果观察的目的之一是测量生产周期，那么尝试安排多次观察，就可以捕获到周期的波动。
- 对在制品和队列中的物料来说，安排多次观察也是一个好办法。
- 确保所有时间测量的连续性。例如，在同一时间段，如果几个观察者分别观察流程的不同点，那么要确保他们同时开始和结束。这样，在后面的小组会议上，就可以把整个流程的数据完整地拼接起来。

SIPOC

重点强调

- 它是一个过程快照，捕获对于项目来说至关重要的信息。
- SIPOC 图帮助团队及其赞助商（们）同意项目界限和范围。
- SIPOC 帮助团队验证过程输入是否与上游过程的输出及下游过程的输入相匹配。

供 应 商	输入/要求	流　程	输出/要求	客　户
信用经销处	**信用报告** • 30min 内响应 • 当前时间到先前的工作时间 • 报告可以在 3min 内看完	客户信用调查 ↓ 设备确认 ↓	**租赁协议** • 5 个工作日内完成 • 全部条款、条件以及支付准则 • 最多 2 页（不包括条款清单）	设备出租人
标记办公产品	**提议的租赁计划** • 完整的租赁条款清单 • 详细的价格和制造日期	文件的准备 ↓ 提供资金、文件归档	**付款** • 校对总额 • 在交付当天付款 • 通过电子支付方式付款	标记办公产品

创建 SIPOC 图

注意：你可以改变这些活动的顺序。通常，SIPOC 图最适用于识别你所关心的过程步骤以定义边界，然后转到输出/客户，再回到供应商/输入。所以，它对识别你所关心的流程步骤能起到非常大的作用。而无论你以什么样的顺序做这些事，对你的项目都是有意义的。

1. 识别流程边界和关键活动。
   - 保持在最多 6 个活动的高水平上。
2. 识别关键输出（Ys）和这些输出的客户。
   - 通过头脑风暴法识别输出和客户。
   - 如果有许多不同的输出和客户，关注关键的几个。
3. 识别输入（Xs）和供应商
   - 通过头脑风暴法识别输入和供应商。
   - 如果有许多不同的输入和供应商，关注关键的几个。
4. 识别输入、过程步骤以及输出的关键质量要求。
   - 请记住，这几条会在后面的数据收集中得到验证。

小贴士

- 过程开始于哪里，终止于哪里，这些都是非常具体的。它们应该与项目的范围一致。

创建流程图的步骤

重点强调

- 不管创建哪种类型的流程图，基本步骤都是一样的。
- 争取创建一个比较详细的流程图——细节不要太多，也不要太少，这样的流程图对项目才有用。细节太多将使你陷入困境；而细节太少的流程图将没有任何作用。

创建流程图

1. 根据对项目的定义，审查正在研究的过程以及它的边界。
2. 确定想要创建的流程图的类型。
3. 让参与者识别过程的步骤。把每一个步骤用适当的标记记在一张便利贴或卡片上（见 P48）。
   - "原有的"流程图，包括返工周期、延误等工序。
   - "应当的"流程图，只包括你想要的工序。
4. 作为一个团队工作，按顺序排列所有的步骤（通过将便利贴贴在空白的活页挂图、白板或桌面上）。

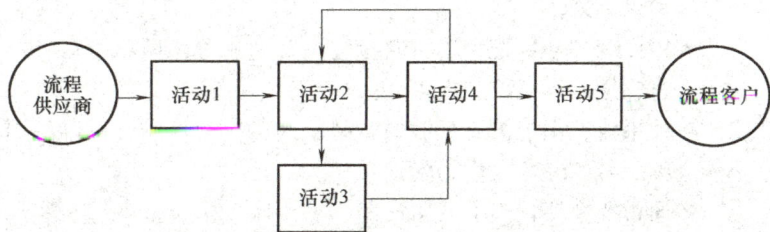

   - 去掉重复的，合并类似的想法，并协商一致。
   - 决定步骤的详细程度，并将每个步骤的详细程度保持在同一水平上。
   - 保持流程在一个方向上移动，通常是从左到右或从上到下。只有决定重复一个步骤的时候，才会以相反的方向移动。这有助于人们明确步骤的顺序。但如果允许时间在向和向后两个方向上流动，步骤的顺序就容易弄混了。
   - 如果步骤是从一面墙到另一面墙，或越过一个障碍物（如墙上的一幅图片），就用绳子和带子把这些相关的步骤连起来。
5. 讨论结果。它是否与你所了解的现实情况相符合？请根据需要做调整。
   - 如果发现遗忘了一个步骤，将便利贴移动到正确的位置，并插入新的步骤（由于使用便利贴可以方便地重新排列，因而有助于工作）。
6. 当完成流程图后，从流程的主线方向按顺序对任务进行编号，然后再对不在主线上的任务进行编号。

7. 将完成的流程图转移到纸上或者计算机中。

- 确保注明完成流程图的日期，以及参与流程图设计的人员的姓名。

小贴士

- 走完整个流程，理解流程中每一步。然后换位成客户的身份，提出一些客户可能会提出的问题，比如："为什么要用这种方式做？做另一件能够帮到我的事可能吗？"
- "到现场去"（工作的实践场所）。了解实际情况对创建流程有很大帮助。如果可能的话，将现场工作情况用录像带记录下来。
- 用便利贴和标记手工绘制流程图初稿。等团队认可后，再将它用计算机绘制出来。
- 如果流程图上没有足够的空间罗列出所有信息，可以使用编了号的参考表作为附件。
- 通常要在流程图上注明日期。
- 维护版本权限；决定谁有权利更新流程图（相当于改变流程图），以及在什么样的条件下可以更新。
- 当你开始创建一个流程图的时候，会涌现出很多想法。为了保持专注于主要任务，需要创建一个"停车场"，在那里你可以捕获一些重要的、与绘制流程图没有直接联系的想法。"停车场"通常包含的主题有：①改进意见；②假设；③疑问；④补充意见；⑤超出范围的问题和想法。
- 专注于流程，而不是工具和符号。
- 退一步讨论，哪些指标可以用来度量流程的有效性、效率以及客户满意度。将它们记录下来。

运输图和线路（工作流程）图

重点强调

- 该图描述了工作的物理流程或过程中的材料。

● 用于改善工作区（办公室、工厂、仓库）的物理布局或工作方式。

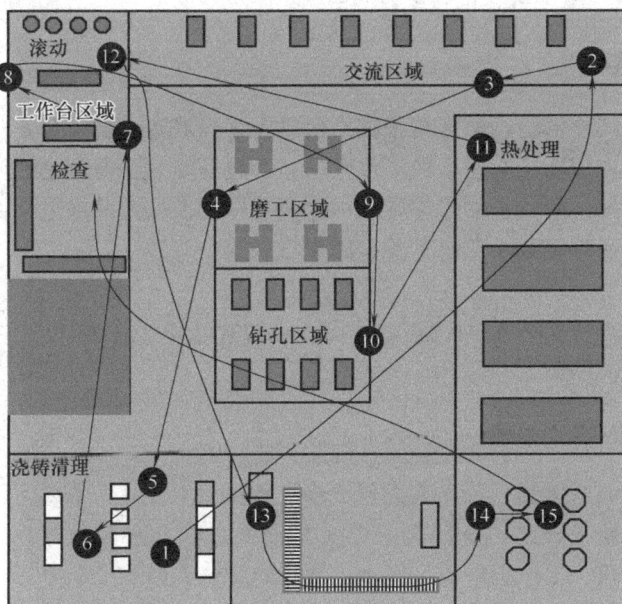

注：分布图不是按比例绘制的。

创建工作流程图

1. 寻找或创建一份工作厂区的布局图（或者，如果改进的目标是工作表或者加工单，保留一份它们的复印件）。

2. 按现有的流程图的步骤，或者通过头脑风暴得出流程图的步骤。

3. 标记流程第一步发生的地方，画上从第一步发生地指向第二步发生地的箭线。依次往下，直到流程的每一步之间都画上箭线为止。

4. 最后讨论流程图，旨在改进工作流程。

● 如果流程路线纵横交错，就进行工作厂区的布局安排试验，从而创建一个更加简洁的工作流程（理想情况下，工作流程中永远不走回头路）。

- 如果流程路线反复回到其中的某一处，看看能不能把这一处需要执行的工作结合起来，并在同一时间执行（再一次，为防止原路返回）。

小贴士

- 工作流程图通常用来描绘信息、材料或者人的流程。
- 流程路线交错会使工作延误，并且使走完一个过程的时间增加。所以，如果你看到一个流程中的路线纵横交错，应想办法尽量减少交错，并且简化布局。

泳道（部署）流程图

重点强调

- 一个强调"什么人做什么事"中的"什么人"的流程图。
- 便于研究一个过程中个人与个人之间、个人与工作小组之间、工作小组与工作小组之间的交错关系。
- 对管理（服务）过程尤为有用。

创建泳道（部署）流程图

回顾流程图的基本步骤。这里的区别是：你不只要确定做哪些工作，还需要确定谁来做这些工作。

1. 辨识过程中不同的人或不同的工作职责，然后罗列在活动挂板或者白板的左侧或顶部。

2. 采用头脑风暴法得出过程步骤，记录在便利贴上。

3. 按照每一步的顺序，将便利贴贴在适当的泳道位置上。

- 如果合适，使用常规的流程图符号。

4. 用结果引发关于如何改善工作流程的讨论

- 最理想的情况是：使每个人或每项工作职能与流程图上的表单或其他项目仅仅接触一次。
- 找出个人之间或工作职能之间来回反复交错的原因。尝试合并或者重新排列工作次序，使一个人可以在同一时间完成交接给自己的所有任务。

- 如果缺失或不完整的信息是出现反复交错的原因，尝试采用防错或防误措施（见 P227），使得如果不完成在那一点的工作，就不能移动到过程的下一个任务或步骤。

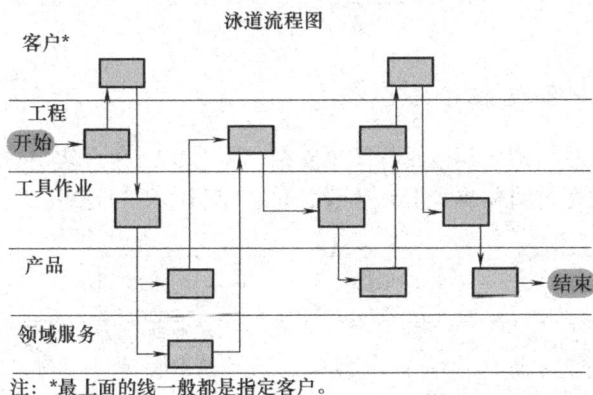

泳道流程图

客户*

工程

开始

工具作业

产品

结束

领域服务

注：*最上面的线一般都是指定客户。

小贴士

- 如果步骤的流程在一整页上，把最关键的人或活动放在最上面的泳道；如果步骤的流程要接到下一页，把最关键的人或活动放在最左面的泳道；如果人或活动的相互作用很少，就将它们放在最下面的泳道或最右面的泳道。
- 有一个以上输出的任务符号（不包括那些导致多输入/输出/文件的符号）通常表明需要一个决策模块，或还没有将活动/任务分解到适当的层次。
- 对有许多交错线路的过程来说，沟通途径尤为重要。如果有证据显示，非正式的连接对过程有影响，则用虚线来表示这些非正式沟通（发生在正式过程以外的沟通）。

价值流程图（基本）

目的

捕获过程中所有的关键流程（工作、信息、材料）和重要的过程指标。

为何使用价值流程图

- 虽然结构比其他流程图更复杂，但对识别和量化浪费（尤其是在时间和成本上）来说，价值流程图更为有用。

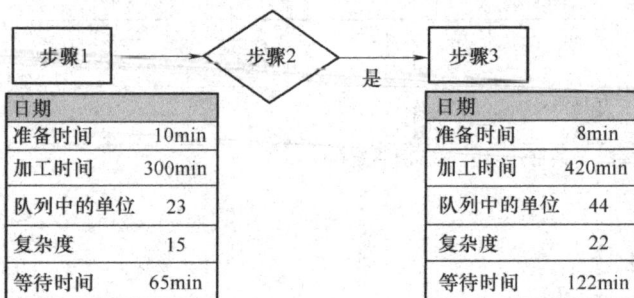

步骤1		步骤2	是	步骤3	
日期				**日期**	
准备时间	10min			准备时间	8min
加工时间	300min			加工时间	420min
队列中的单位	23			队列中的单位	44
复杂度	15			复杂度	22
等待时间	65min			等待时间	122min

何时使用价值流程图

- 为了抓住机会、完成项目鉴定，管理团队和部署执行者将价值流程图用于业务（战略）水平的工作。

  ——业务部门的领导者（管理小组、部署执行者）拥有这一水平的流程图

- 在界定和测量阶段创建一个项目（战术）水平的"原有的"版本的价值流程图，来识别改进机会，并且使改进机会可视化；在改进或者控制阶段创建一个未来的（"应该的"）版本。

  ——这一水平的流程图被改进团队创建并最初所拥有，在DMAIC控制阶段，被转交给过程所有者。

- 如果你的团队要评估多个产品的影响或服务，参见第 10 章

中的复杂性（见 P235）。

如何创建价值流程图

准备工作：确定合适的范围、关键指标和基本步骤，创建 SIPOC图、自上而下的流程图或泳道流程图。

1. **确定你将为之绘制流程图的单个产品、服务或系列。** 如果用一个产品/服务系列网格（见 P246）来识别系列有多个选择，那么，选择其中尽可能多地满足以下条件的那个：
   - 有一个共同的流程（在系列中的所有产品/服务使用的步骤基本相同）。
   - 批量大、成本高。
   - 符合行业标准或对公司重要的其他细分标准。
   - 对选择的客户或客户群影响最大。

2. **绘制过程流程**
   - 审查流程图符号（见 P48）。
   - 从过程的结束端，以交付给客户的产品开始，由下游向上游逆流而上。
   - 识别主要的活动。
   - 确定流程图上各活动的顺序。

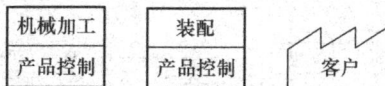

机械加工	装配	
产品控制	产品控制	客户

未加工材料 日常安排	铸造的材料 日常安排	螺钉、螺母、 垫圈日常安排	O形环、轴承、 卡环日常安排	
锻铁炉	机械加工	装配1	装配2	分配

3. **添加物料流程**
   - 显示所有物料的移动。
   - 把同一流程的物料归为一组。
   - 绘制所有子过程的流程。
   - 包括任何来料检验、物料和过程测试活动。

- 在过程的开端添加供应商（们）。
- 审查流程符号（见 P48）。

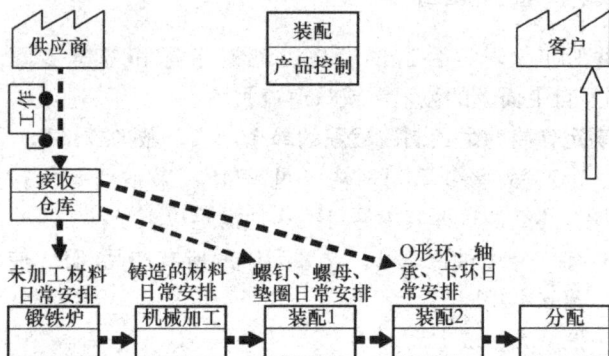

4. 添加信息流

- 绘制活动之间的信息流程。
- 生产区：
  ——将与流程相关的生产订单形成文件。
  ——将调度系统形成文件，并跟踪零件在整个过程中的运行。
- 记录过程是如何沟通客户和供应商的。
- 记录收集信息的方式（电子的、人工的、"去看看"等）。

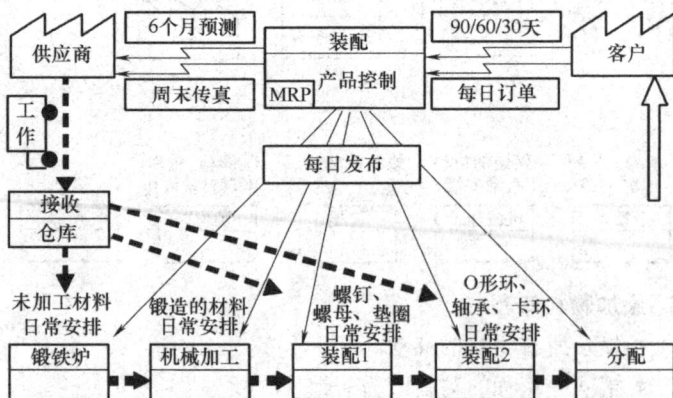

5. 收集过程数据，并将其添加到流程图的框中

- 运行过程，了解现实状态。
- 在每个步骤中，收集以下数据：
  - ——触发器：什么启动了步骤。
  - ——设置时间和加工时间/单元。
  - ——节拍率（客户需求率）。
  - ——不合格品率或废品率（在制造）。
  - ——人数。
  - ——停机时间%（包括由于设备、计算机、材料、信息等因素在需要的时候不能发挥作用，人们无法到达最大生产力的任何时间）。
  - ——在制品的下道工序和上道工序。
  - ——信息技术、仓库等方面的成本。
  - ——批量大小。

6. 将过程和前置时间的数据添加到流程图上

- 包括延误（等待时间）、加工（增值）的时间、准备时间等。

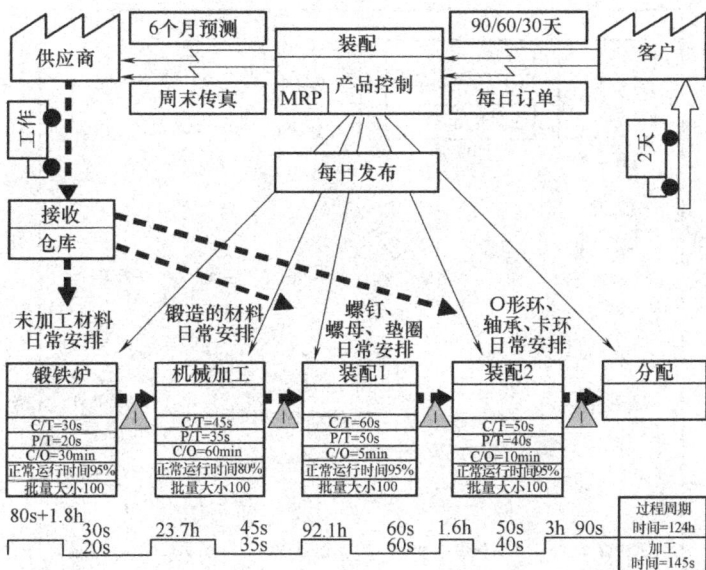

7. 验证流程图

让熟悉整个过程的非团队成员审查流程和数据，同时也与供应商和客户进行核实（交接点）。根据需要做调整，然后与过程中的工作人员核实最终结果。

小贴士

- 当你创建价值流程图（VSM）、将工具复制品、模板、参考表、规格表、工作指导书等贴在墙上，紧邻不断丰富的流程图。这将有助于团队了解在整个过程中做过的所有工作。
- 构建一个基本的流程图能够节省时间。如果你尝试将价值流程图一步步地连起来，将花费很长的时间，并且将会过快地、过于深入地分析研究具体步骤。
- 周期时间、节拍时间、工作时间的单位（秒、分钟、小时、天、周）要相同。

流程图和价值流程图符号

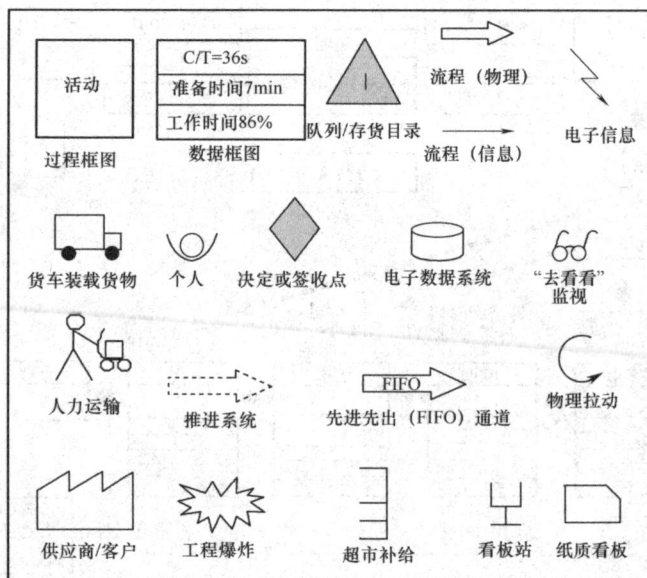

过程框图　　数据框图（C/T=36s　准备时间7min　工作时间86%）　队列/存货目录　流程（物理）　流程（信息）　电子信息

货车装载货物　个人　决定或签收点　电子数据系统　"去看看"监视

人力运输　推进系统　先进先出（FIFO）通道　物理拉动

供应商/客户　工程爆炸　超市补给　看板站　纸质看板

增值（VA）与非增值（NVA）分析

重点强调

- 增值与非增值分析通常被用来区分生产过程的不同步骤，即客户愿意付钱的步骤和客户不愿意付钱的步骤。
- 增值/非增值分析的目的是：
  ——识别和消除那些不会给客户带来价值的隐性成本。
  ——尽量使流程简洁，从而减少错误。
  ——缩短生产周期；提高个人消费支出（PCE）。
  ——更好地利用资源，增加产量。

进行价值分析

1. 对每个过程步骤分类，如增值（也称为"客户增值"）、企业非增值（有时也称"所需的浪费"）和非增值。具体参见下文说明。

2. 将每种类型的时间加起来，用时间价值图（见 P51）或增值图（见 P52）来显示结果。

3. 决定下一步做什么。
   - 优化可以增值的任务，并使之标准化。
   - 应该与客户一起核对企业非增值任务，如果可能的话，尽量减少或者淘汰这些任务。
   - 应该淘汰非增值活动。

价值分类

1. **增值（VA）**，又称为**客户增值（CVA）**：在一个过程中，为给客户提供产品或者服务的而必不可少的所有活动。
   - 为满足客户的需求而必须做的工作。
   - 为服务增加新的方式或特色。
   - 提高服务质量，确保准时交货，或使交货更具竞争力，或者对价格竞争有一个正面的影响。

- 如果客户知道你做了这些工作，他们将会愿意支付。
- 小贴士：如果不清楚一个任务是否能给客户带来增值，想象一下，如果停止这项活动会发生什么。你的外部或最终客户会抱怨吗？如果是，那么它可能是增值的。

2. **企业非增值（BNVA）**：企业在进行增值活动的时候产生的其他活动，但站在客户的立场，这些活动没有给其带来现实价值。
   - 它通常包括：
     ——减少财务危机。
     ——支持财务报告需要。
     ——在进行增值工作的过程中提供援助。
     ——法律或法规的要求。

例如，订单输入/处理、采购、产品开发、销售/市场营销、国税局/职业安全与健康管理局/环保局的报告。

- 小贴士：选择一项活动，如果现在停止做这项活动，你的内部客户是否会抱怨？如果会，则这项活动就可能是企业非增值的。

3. **非增值（NVA）或浪费**：从客户的角度来看，这些活动没有增加价值，并且对财务、法律或其他商业原因来说，这些活动也是不需要的。
   - 非增值工作的种类非常多，主要包括：
     ——将工作从一项增值活动转移到另一项增值活动最低限度所需之外的处理（包括检验、运输、移动/存储材料/文件、计数、存储、检索）。
     ——需要返工来修正错误。
     ——重复性的工作（监督或管理工作、多重签名、校对、计算核对、检查）。
     ——等待、空闲时间、延误。
     ——生产过剩（短时间内生产太多产品）。
     ——过程中的人员所做的无用运动。
     ——过度加工（完成一项工作的步骤太多，或使产品超出客户的要求）。
   - 小贴士：选择一项活动，如果现在停止做这项活动，客户

（内部的或外部的）是否知道做与不做这项工作的区别？如果不知道，则这项工作可能是非增值的。

小贴士

- 许多非增值成本被"量子化"了——就是说，只有那些非增值的根源被完全消除后，非增值成本才能消除。例如，经营一个仓库，使用仓库空间的 10% 和 100% 的成本是一样的。但是，如果可以通过缩短交付周期来关闭仓库，成本就会像"量子"跳跃一样降下来。警惕过程中量子化的成本，并努力消除产生这些成本的根源。

时间价值图

重点强调

- 一个过程中增值与非增值的可视化描述。
- 相较增值图（见 P52），时间价值图能给人留下关于总周期时间的更好印象。

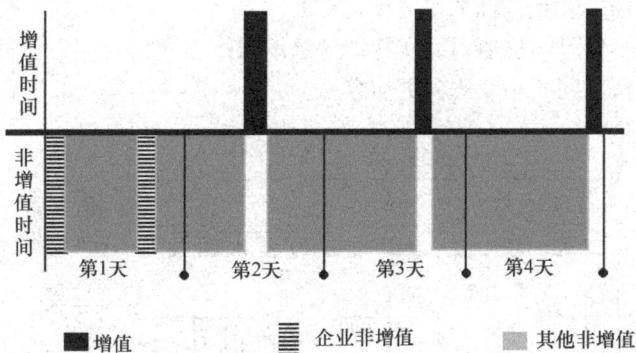

创建时间价值图

1. 确定过程的周期时间。
2. 确定两个步骤之间的等待时间（延误时间），以及需要执行每个任务所需的增值时间。

3. 画一轴时间轴，分成若干时间段，其总和等于总的过程时间。

4. 按照工作的时间顺序在时间轴上定位步骤和延误；每个时间段对应负责该项工作的相应的部门。

——增值阶段在时间轴的上面。

——非增值阶段在时间轴的下面（考虑使用不同的颜色来强调）。

——条形块之间的白色区域表示等待或延误时间。

5. 得出反馈回路，标明产量的百分比。

6. 总结时间的用途。

——活动与非活动时间。

——增值与非增值时间。

增值图（任务时间或节拍时间图）

重点强调

- 一个过程中增值与非增值的可视化描述。
- 更能说明过程步骤之间的时间平衡；对总周期时间的显示较弱（相比前面的时间价值图）。
- 不像时间价值图那样特别形象地强调浪费的时间，但使得步骤之间的相互比较更加容易。

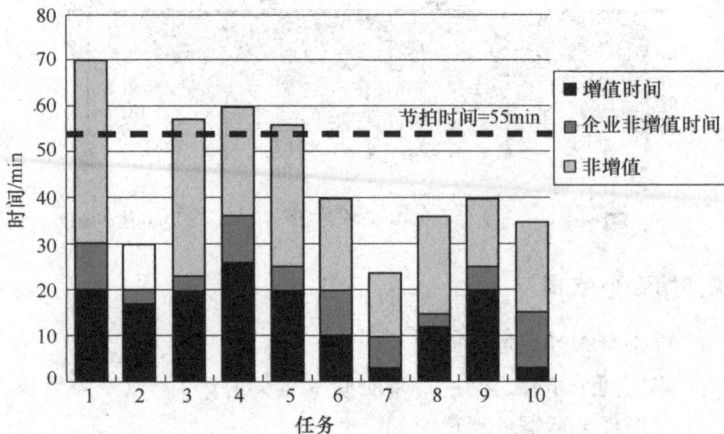

创建增值图

1. 按照增值分析说明（见 P49），将过程中的工作分类。例如客户增值（VA）、企业非增值（BNVA）或其他非增值。
2. 在过程中的每个阶段，收集在各类工作上所花费时间的数据。
3. 像上图一样，在条形图上清楚地显示结果。
4. 计算节拍时间。
   - 节拍时间就是在一个时间段内，用有效的工作时间总和除以客户的需求量。

     例如：

     有效的 8h = 480min

     这段时间内有 60 个订单。

     节拍时间 = 480min/60 = 8min

     （你应该每 8min 完成一个订单来满足客户的需求。）
5. 采用头脑风暴法讨论以下内容的结果：
   - 消除非增值活动。
   - 改进增值活动。
   - 减少企业非增值活动。

小贴士

- 任何增值步骤，如果花费的时间比节拍率长，就被认为是一种时间陷阱（见 P198），必须改进。目标是要平衡每一步骤的时间，使得没有哪一步骤的时间长于或短于任何其他步骤。
- 用总时间除以节拍时间，就可以得到一个粗略估计完成整个过程所需要工作人员的最小人数。如上图所示，在 10 个步骤中花费的总时间约为 445min。如果此公司有 10 个人在这个过程中工作，那么每个员工有价值的工作约为 44.5min。但是，节拍时间是 55min。根据经验法则，每一步骤的工作量应该等于一个节拍。在这种情况下，可将员工减至 8 或 9人（所以每个员工进行的有价值的工作约为 55min）。

第 4 章

客户的声音（VOC）

使用这些工具的目的

- 找出客户所关心的事。
- 设立符合客户需求的优先顺序以及目标。
- 确定客户的哪些需求你可以很好地满足。

决定使用何种工具

1. **客户划分**（见 P55），识别拥有不同需求的客户群的原则。这对任何一个拥有中大型客户基础的团队来说都尤为有用。

2. **客户数据的类型以及来源**（见 P57），一个典型的客户数据清单，你的团队可能已经得到，或者能够得到。在进行了解客户的声音之前，使用该数据能促进你的思考。

3. **收集客户的声音**

- **访谈**（见 P58），关于如何与客户进行专业访谈的指南。此工具推荐给那些想要深入了解客户需求，以及客户如何使用产品或服务的团队。

- **使用点观察**（见 P59），关于参观客户的工作场所时你该做什么或者如何发现客户与你的产品/服务之间的联系点的指南。这一工具可以让你拥有更敏锐的洞察力，或者能让你更好地确认访谈结果。

- **焦点小组**（见 P60），关于如何构建焦点小组的指南。它比单独访谈效率高，时间也很集中，可根据需要使用。

- **调查**（见 P61），关于如何开展调查的指南。它对于验证或量化与其他客户接触后得到的理论特别有用，也可以用来识别最重要的问题加以研究，对收集定量信息也很有用。

4. **Kano 分析**（见 P62），有助于理解不同的价值水平的一项技术。客户将这些价值水平寄予在你的产品/服务的不同特征上。

5. **发展品质关键点的要求**（见 P66），将客户的需求转换成对产品或服务的要求的说明。这一工具在为客户提供产品或服务的时候使用，能更好地满足客户需求。

小贴士

- 任何与客户的直接接触（访谈、观察、焦点小组）都会有很大的风险。因为要面对面地与客户打交道，你必须给客户留下一个有条理的、很专业的好印象，以确保客户有跟你合作的意愿。否则，客户会认为你在浪费他们的时间。

- 与销售部或市场营销部一起来确定以及协调与客户之间的联系。如果不同部门的人员都分别与客户联系，客户可能会认为你不能胜任这项工作。

- 如果你从事的是项目设计工作，建议你多研究些复杂的客户的声音（VOC）方法，这些方法通常与创建新过程的精益六西格玛设计方法有关（如质量屋）。

- 与客户打交道可能很棘手。如果可能的话，寻求专家的帮助。

客 户 划 分

重点强调

- 客户都是有差异的，所以，不同的客户不会为组织创造同等的价值。

- 客户划分是一种识别和关注客户群的方法。这些客户群在产品、服务、过程设计或改进中，能创造最大化的价值。

客　　户	内部的或外部的	客户划分/描述	优先等级
有孩子的客户	外部的	● 年长的市民（>65岁）	低
		● 16～24岁的家庭成员和父母	低
		● 25～40岁的家庭成员和父母	高
		● 所有年龄段的单亲父母	低
孩子	外部的	● 7～12岁的孩子	高
		● 小于7岁、大于12岁的孩子	低

使用客户划分

1. 确定要进行研究的输出（产品或服务）。

2. 通过头脑风暴来确定那些输出对应的客户有哪些。

3. 确定划分的特性，这可能影响单个客户或客户群如何回应你的公司以及你的产品或服务。

   ● 只关注其中一些特性。

4. 为你的项目开发出客户划分的轮廓。

   例如，高批量和低批量，西海岸、中西部和东南部的客户。

5. 不管对哪个客户群的代表，都要放到你的客户接触活动（访谈、调查、焦点小组等）中。

6. 将结果形成文件。

   ● 在任何后续的数据分析中，将不同客户群体的数据都制作成单独的图表，以便观察它们的不同之处。

产品/服务	客　　户	可能的客户划分

划分标准范例

1. 经济：收入、利润、忠诚度、购买频率、公司规模、与客户做生意的成本、战略目标。

2. **描述**：地理位置、人口统计、对客户最有利的产品或服务的特征、行业。

3. **态度**：价格、价值、服务。

客户数据来源

- **现有公司销售信息**：产品/服务销售、产品/服务的回报或退款、销售偏好、合同解除、客户推荐、销售电话挂断率、销售变现天数（DSO）。

- **客户接触点（情报中心）**：产品/服务投诉或补充机制（热线、网站链接）、任何直面客户的工作人员（客户服务代表、销售代表、会计人员）。

- **研究**：

    直接的：访谈、调查、焦点小组、使用点观察。

    间接的（市场趋势）：市场份额的变化、行业专家、市场观察员。

选择一种接触方法

接触类型	根据自身需要做选择
面对面的访谈	独特的观点 高水平的参与 有能力追踪意料之外的问题 对客户经历有深刻的理解 有创新的洞察力
焦点小组	从有相似产品和服务需求的客户处得到信息 中—低水平的参与 从负责单一部门的许多人员处得到的信息
电话访谈	从分散在各个地方的客户处得到的信息 从基本的或简单的事件中得到的信息 收集信息的快速周转 大量低成本数据
调查	统计客户回答的有意义的信息 证实你以其他方式与客户接触中得到的理论

收集客户的声音：访谈

目的

　　了解一个特定客户就服务问题、产品/服务的属性以及性能指标/测量方面的观点。

为何使用访谈

- 与单个客户（或与客户群）建立联系。
- 允许具有灵活性以及探查客户需求。
- 让客户感到我们认真听取了他们的需求。

何时使用访谈

- 在项目开始：了解对客户来说什么是重要的（这支持客户期望假设的建立）。
- 在项目中期：阐明并更好地理解一个特别的问题为什么对客户来说很重要，总结出想法和建议，或在客户那里验证一下想法是否正确。
- 在项目结束：阐明结果，验证并改进。

如何进行客户访谈

1. **明确访谈目标。** 访谈在项目中充当了什么样的角色？在后期你将怎样利用这些访谈得到的信息？
2. **准备一张问题清单。**
3. **确定访谈方式（面对面、电话）。**
4. **确定有几位采访者、几位受访者。**
5. **在公司内部开展模拟访谈，以完善访谈脚本、问题和访谈的过程。**
6. **与客户联系并安排访谈。** 发一个确认函或电子邮件给客户，说明访谈的目的，并提供一份简单的主题清单（除非你认为它将帮助客户做准备，否则不需要说明具体的问题）。

7. **确定怎样从访谈中收集数据**。如果你打算录音（录音磁带、计算机音频程序），要确保告之客户，并得到他们的允许。

8. **进行访谈**。

9. **抄录笔记，并继续对数据进行分析**。

小贴士

- 在分析抄录的笔记时，对不同的问题用不同的颜色做强调（例如，用蓝色强调与"对目前服务的反映"有关的问题，用红色强调与"对将来服务的观点"有关的问题）。

收集客户的声音：使用点观察

重点强调

- 关键是观察你的客户在他们的工作场所，或在任何与你们公司沾上边的地方（如银行大厅、零售店），是怎样使用你们的产品或服务的。

- 这一影响力深远的技术用于体验，如果客户与你们公司做生意会怎么样。用体验后得到的结论来改进产品、服务以及过程。

进行客户观察

1. **明确观察的目的**。观察在项目中充当了什么样的角色？在后期你将如何使用观察得到的信息？

2. **确定何时以及如何观察客户**（在他们的工作场所、零售情况等）。

3. **测试并生成一个观察表格**，用于收集你想要的数据。

4. **如果要去客户的工作场所，与他们联系并安排时间**。（同时，如果你计划拜访客户，参见客户访谈，P58）。

5. **培训观察员**，以确保每个人都遵循相同的规程，给客户留下一个好印象。

6. **指导观察**。

   - 通常在一些低风险客户那里先行试用，并调整你的方法。

7. 继续进行数据分析。

8. 包括与客户的后续接触（感谢信、观察复制品、根据客户贡献所做的改变的更新）。

收集客户的声音：焦点小组

目的

得到对现有产品或服务的反馈，或对从顾客群的角度出发所提出的想法的反馈。

为何使用焦点小组

- 与调查相比，焦点小组允许更有创造性的和开放式的答案，但又不像访谈那样消耗时间。
- 允许参与者相互指出对方观点的不足之处。
- 观察人与实物（产品、标准、营销材料等）之间的相互作用，这些从调查中是得不到的。

何时使用焦点小组

- 明确和界定客户需求（界定、测量）。
- 透彻理解需求的优先顺序（界定、测量或改进）。
- 测试概念和获得反馈（改进）。
- 作为确定客户关键利益的调查或访谈的前期工作。
- 作为客户访谈的后续行动，是一种验证理论和信息的方法。

如何组织焦点小组

1. 确定焦点小组的数量以及目标规模。
   - 时间和费用会限制焦点小组的数量（但必须组织一个以上）；
   - 每个小组通常有 7~13 名参与者。
2. 确定参与者。
   - 你的选择有：与不同的客户群代表来往、关注一个具体的客户群或关注对这个主题感兴趣的人。

3. 产生问题。

- 建立一个试点，测试数据收集和分析的简便性。

4. 组织焦点小组。

- 这个做起来比看起来难多了。如果你的团队中没有人具有焦点小组的相关经验，可以考虑从外部招聘人员来获得帮助。

5. 在焦点小组开展后，把客户的意见记下来。

6. 选择适当的后续行动。

- 创建一个与选定的客户报表类似的图表，从客户的意见中找出主题。
- 利用客户报表做出产品/服务需求报表。

收集客户的声音：调查

目的

通过调查整个行业或划分的客户群，获得客户对产品、服务以及属性的反应的定量数据。

为何使用调查

- 从庞大的人口中有效地收集大量的信息。
- 进行分析，以保证数据统计的有效性和完整性（访谈和焦点小组产生定性数据）。

何时使用调查

- 当你需要或想要接触很多客户以获得定量数据的时候。
- 作为访谈或焦点小组的前期工作，目的是更深入地调查确定目标领域。
- 作为访谈或焦点小组的后续工作，目的是量化关系或识别模式。

如何开展调查

1. 制定调查目标。
2. 确定所需样本大小（见 P85）。
3. 写草稿问题和确定测量尺度。
   - 识别需要收集的特定信息。
   - 数值尺度更容易记录和比较（例如，分级项目从 1 到 5，重要性依次增加），但有时使用定性尺度更为合适（例如，从"一点都不感兴趣"到"非常感兴趣"）。
4. 确定如何编码调查数据，可以是匿名的（如果适用）。
5. 设计调查。
6. 验证对个人问题的回答是否满足你的目标（如果不满足，做调整）。
7. 进行初步测试。
8. 完成调查。
9. 对选定的客户发出问卷调查（邮件、传真、电子邮件附件）。里面包含有他们回复的方法——贴了邮票的信封、返回的传真号码、电子邮件回复。或将调查发布在你的网站上，并为参与者提供如何使用调查的说明。
10. 编制并分析结果。

小贴士

- 同其他跟客户联系的方式一样，与销售部或市场营销部一起协调、确定与客户之间的联系。
- 包括一个相关的"不适用"的类别，因此你不能强迫客户给你不好的数据。

Kano 分析

目的

更好地理解产品或服务的哪些特点可以给客户带来价值，怎样可以减少提供的产品或服务出现过分强调无关紧要的特征或者漏掉品质关键点的特征或属性的风险。

为何使用 Kano 分析

- 好的"第一刀"技术用来评估客户要求的相对重要性。
- 允许使用客户期望的产品或服务的质量类型或水平来判断和划分客户。
- 有助于确定客户是否有要求。
  - —— 客户没有明确说明的要求。
  - ——包含在先前提的要求里，并且现在仍然对客户有价值的要求。
- 有助于完成你的客户的声音数据收集计划。

何时使用 Kano 分析

- 用于界定和测量阶段以明确项目目标的范围和重要性。
- 用于改进阶段，有助于重新设计产品、服务或过程。
- 在访谈或者焦点小组证实了客户所说的一些需求确实是关键需求后使用，那些要求将影响客户对产品或服务的满意度或购买产品或服务的决定。

如何使用 Kano 分析

1. 尽可能通过多种不同的方式收集客户的声音数据。
   - 你不可能通过任何单一的方法来确定所有的客户需求。
2. 确定已知或假定的客户/需求要求。
3. 请客户评估每一个潜在需求：
   - 如果需求能得到满足，他们会有何感受？（积极的）
   - 如果需求不能得到满足，他们会有何感受？（消极的）
   - 客户对每个问题的反应有四种选择：
   （1）我喜欢它。
   （2）一般是那样（特征是所期望的）。
   （3）我不在乎。
   （4）我不喜欢它。

根据对"积极的"和"消极的"问题的回答，用下面的表格来确定客户需求的类型。

		对消极问题的回答			
		喜欢	正常	不关心	不喜欢
对积极问题的回答	喜欢		惊喜	惊喜	满意
	正常				不满意
	不关心				不满意
	不喜欢				

4. 根据客户对问题的反应，对客户的每个需求分类，如不满意、满意或惊喜（定义见 P65）。

5. 将这一信息与产品或服务的改进工作相结合。

  - 你的产品或服务还没有交付的时候，你必须处理客户的任何基本要求（不满意）。如果你在客户所要求的方面没有做好，那么你在产品或服务的其他方面做得再好都没用。

  - 进行联合分析或使用其他的技术评估一下，产品/服务中能让客户满意的那些要求会花费多少成本。

  - 如果你对你的产品或服务已经很满意，加强对它们的支持；如果对你的产品或服务不满意，那么结合你发现的新的特点（你在处理了让客户满意和不满意的要求后发现的），与管理者一起重新设计你的产品或服务。

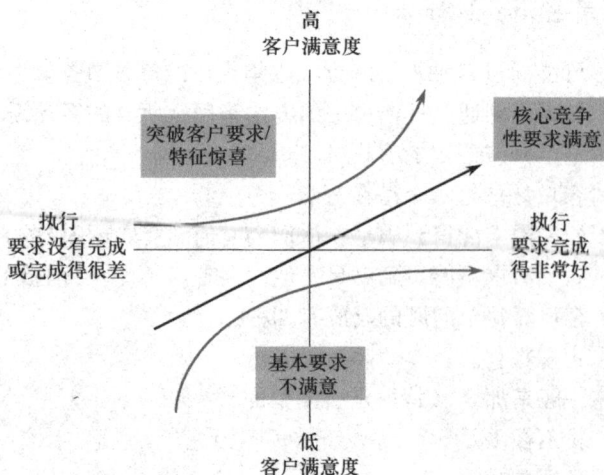

Kano 水平的定义

- **不满意——基本要求**：客户期望产品或服务所具有的功能或特性。如果这些需求得不到满足，客户将极为不满。**满足基本要求是产品/服务进入市场的入口点。**

  - ——当被问及什么对他们重要时，客户很少提到产品/服务的基本要求，因为他们认为这些特征是产品/服务理所当然应该有的（例如，我们希望每辆车有转向盘）。由于基本要求是不言而喻的，所以不需要使用访谈或问卷调查的方式再加以确定。回顾产品/服务的设计，并观察正在使用产品/服务的客户，了解产品/服务的哪些功能是客户经常用到的。

- **满意——性能要求**：通过等级可以提高或降低满意度的标准特性（成本/价格、易用性、速度）。**满足性能要求可以让你的产品/服务保持市场竞争力。**

  - ——当被问及什么对他们重要时，客户一般会说出对产品/服务的性能要求方面的特性。

- **惊喜——令人兴奋的要求**：意想不到的功能或特点，能给客户留下深刻的印象，还可以增加你的信用度。**满足可以令人兴奋的要求就有机会脱颖而出，成为世界一流品牌。**

  - ——因为这些要求往往是创新的，还没有出现在市场上，所以客户很难得会告诉你关于他们如何才对产品/服务感到惊喜。

小贴士

- 当有些人认识到一种连客户自己都没有意识到的需求时，这种需求通常会给客户带来惊喜。它与尚无人采用的新技术有关。因为客户说不清楚这种需求，所以你最有可能与形形色色的人（早期的适应者、行业趋势专家、过程专家）通过观察、访谈、焦点小组等方式来识别它们把工程师或者技术/交付专家包括在你的团队中，让他们接触到客户的体验。

确定客户需求的工具

疑似满意因素 （从客户的声音中得知）	疑似不满意因素 （不是从客户的声音中得知）	疑似愉悦因素 （客户没有意识到的需求或解决问题的办法）
● 通过邮件、电话、电子邮件以及其他方式进行调查 ● 面对面访谈或电话访谈 ● 市场调查 ● 焦点小组、问题解决机构 ● 已经存在的公司信息 ● 竞争对手的广告以及销售业绩	● 一对一的访谈 ● 功能需求 ● 查阅行业标准交易文献、管理要求 ● 查阅内部不满意客户的资料 　——转向竞争对手 　——退还 　——抱怨 ● 亲身经历	● 小心对待有计划的焦点小组 ● 观察客户 ● 寻找受挫因素和愉悦因素 ● 减少消耗时间的活动 ● 有强的可操作性 ● 烦恼激荡 ● 创新/突破性进展

发展品质关键点的要求

重点强调

- 客户对他们想要什么或者需要什么经常表述得太含糊，所以团队有可能不能精准地把握客户的所有需求。
- 这个过程将帮助你从客户含糊的说明中精准地把握客户对产品功能的要求。
- 这个过程将加强你的为客户提供满足或超过他们需求的产品/服务的能力。

发展品质关键点的要求

1. 收集与产品、服务或你正在研究的其他输出有关的客户的声音数据。
2. 识别客户意见记录本上的相关要求，并将这些要求复制到卡片或便利贴上。为什么客户会购买你的产品/服务？或者，为什么客户不选购你的产品/服务？把注意力集中在与这一问题有关的那些意见上面。

3. 用亲和图（见 P28）或树形图（本书中没有介绍）对观点进行分类并找出主题。

4. 从主题或者客户代表性的意见开始，研究客户为什么会提出这些意见。跟进客户，弄清楚他们的要求。尽可能具体地确定客户提出那些意见的原因。

5. 需要与客户进一步接触来建立量化目标和与需求（客户如何定义"及时""舒适""有条理""友好"）相关联的限度（规范限制）。

6. 当你完成以上所有工作后，退一步，检查一下所有要求。在数据采集过程中，一些关键数据客户可能没有提到。你做的工作是否涵盖了产品/服务的所有关键方面？根据需要填写下面表格。

客户的声音	原因 （澄清后）	关键的客户要求
"我讨厌和你们公司做交易"	产品没有按时交付	10 天的交付周期（±1 天）

好的客户要求

- 是具体的并且容易衡量的。
- 与产品或服务的属性直接相关。
- 没有替代品，并且没有指定产品/服务的设计方法或技术。
- 说明他们的需求是什么，而不是如何满足他们的要求。

第 5 章

数 据 收 集

使用这些工具的目的

帮助收集与项目相关的、需要回答的、关键的问题的可靠数据。

决定使用何种工具

- **数据类型**（见 P69 ~ 71），论述了可能会遇到的各种数据类型，以及数据类型如何影响你能否使用分析方法或工具。根据需要进行审查。

- **数据收集计划**（见 P71 ~ 77），包括测量选择矩阵的讨论（见 P73）、分层（见 P74）、操作定义（见 P75）；使用现有数据的注意事项（见 P76 ~ 77）。使用各种时期收集的数据。

- **检查表**（见 P77 ~ 80），包括检查表的不同插图：基本检查表（见 P78）、频率图检查表（见 P78）、旅行检查表（见 P79）、位置检查表（见 P80）。根据需要进行审查。

- **抽样**（见 P81 ~ 87），讨论了基础知识（见 P81）、样本选择因素（见 P83）、种群和过程抽样（见 P84）、确定最小样本大小（见 P85）。审查建议包括几乎所有的队伍数据收集采样。

- **测量系统分析**（包括重复性和再现性，见 P87 ~ 99），包括所需要收集的数据类型（见 P89），图表的解释通常由 MSA 软件程序进行（见 P90 ~ 96），包括检查偏倚的技巧（见 P96）、稳定性（见 P97）以及分辨力（见 P99）。此工具推荐给所有团队。

- **Kappa** 计算（MSA 的属性数据，见 P99 ~ 103）。建议随时随

地收集属性数据。

数据类型

连续型

在一个连续区域或者可以无限分割的尺度上测量的任意变量。

由于有更强大的用于统计连续数据的工具,因而连续数据通常比离散/属性数据被使用得更多。

例:前置时间、成本或价格、通话持续时间以及物理尺寸或特征(如高度、重量、密度、温度)。

离散型(也被称为属性)

它是指除了连续型数据之外的所有其他类型的数据。具体包括:

- **计数型**。例:对错误的计数。
- **二进制数据**。数据只能是两个值之一。例:按时发货(是/否);合格产品(合格/不合格)。
- **名义属性**。该类"数据"是名称或标签。没有固定的准则去以特定顺序排列该类数据或表明它们之间的定量差异。

  例:在一个公司中:部门 A、部门 B、部门 C。

  例:在一个车间中:机器 1、机器 2、机器 3。

  例:出行方式:船、火车、飞机。
- **顺序属性**。名称或标签代表一些对象或物品的内在价值(所以有一个明显的标签顺序)。

  例:产品性能方面:优秀、非常好、好、一般、不好。

  例:萨尔萨辣酱品尝测试:温和的、辣、非常辣、令人痛苦的辣。

  例:客户调查:非常满意、满意、不满意、非常不满意。

  注意:虽然顺序尺度已经有了定义的顺序,但并不意味着标签之间的差异程度(也就是说,不能假定"优秀"是"非常好"的 2 倍好),或者说哪些标签是好的,哪些是不好的

（对于某些人来说萨尔萨辣酱的"令人痛苦的辣"是一件好事，而对于另一些人来说却是坏事）。

输入与输出数据

输出测量

输出测量也称为 Y 数据。输出指标量化过程的总体执行情况包括：

- 客户需求和要求如何得到满足（通常是质量和速度的要求）。
- 业务需求和要求如何得到满足（通常是成本和速度的要求）。

输出测量能提供最好的整体过程表现为"晴雨表"。

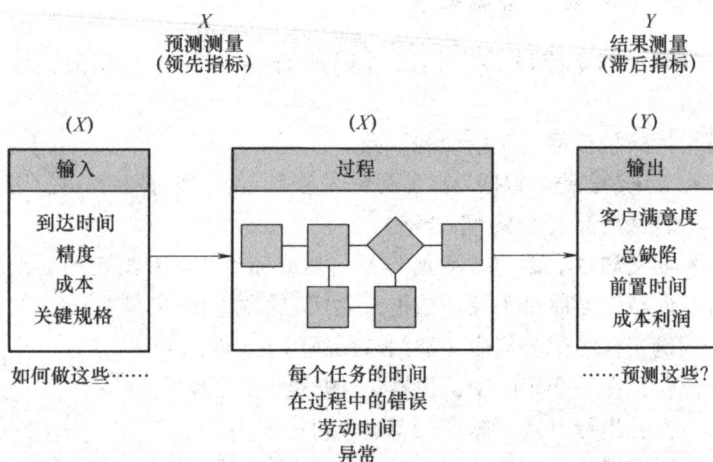

X 预测测量（领先指标）		Y 结果测量（滞后指标）
(X)	(X)	(Y)
输入	过程	输出
到达时间 精度 成本 关键规格		客户满意度 总缺陷 前置时间 成本利润
如何做这些……	每个任务的时间 在过程中的错误 劳动时间 异常	……预测这些？

过程测量

它是一种 X 变量的数据，测量过程中关键点的质量、速度和成本性能。一些过程测量是输出测量的子集。例如，每个步骤的时间（一个过程测量）加起来就是过程的前置时间（一个输出测量）。

输入测量

它是其他类型的 X 变量的数据，测量信息或物品进入过程的质

量、速度和成本性能。通常，输入测量将聚焦于有效性（输入是否
满足过程的需要）。

使用输入和输出数据小贴士

- 目标是找到 X（过程和输入测量），它们是关键输出（Y）的
  领先指标。

  ——这意味着 X 会给你关于 Y 存在的问题的预警。

  ——这样的 X 能找出根本原因的关键（分析阶段的重点），
  　　在问题变得严重前抓住问题（控制阶段）。

- 用 SIPOC 图和子图帮助实现输入和输出测量的平衡。

- 通常你会想要从项目的开始收集输出测量的数据以建立
  基线。

- 至少在一个过程开始收集数据和/或在项目早期输入测量，
  以帮助生成分析阶段的初始数据。

数据收集计划

重点强调

　　一个好的数据收集计划有助于确保数据的有用性（测量正确的
事物）和有效统计（正确地测量事物）。

创建数据收集计划

1. 决定收集什么样的数据

- 如果试图评估过程基线，确定哪些指标可以更好地代表产
  品、服务或过程的总体表现。

- 寻找输入（X）因素和输出（Y）指标之间的平衡（见
  P70）。

- 使用一个测量选择矩阵来帮助你做出决定（见 P73）。

- 尽可能找出连续变量，避免离散变量，因为连续型数据通
  常能传递更多的有用的信息。

数据收集计划

指标	分层因素	操作定义	样本大小	源和位置	收集方法	谁来收集数据

数据如何使用？	数据如何显示？
例： 识别最大贡献者 检查常态 识别西格玛水平和变异 根本原因分析 相关分析	例： 排列图 直方图 控制图 散布图

2. 决定分层因素

- 见 P74 有关识别分层因素的详细介绍。

3. 开发操作定义

- 见 P75 有关创建操作定义的详细介绍。

4. 确定需要的样本大小

- 见 P81 有关抽样的详细介绍。

5. 识别数据的源/位置

- 决定是否使用现有的数据或需要新的数据（详情见 P76）。

6. 制作数据收集表/检查表

- 见 P77 ~ 80。

7. 决定谁来收集数据

选择数据收集者通常基于以下条件：

- 熟悉过程。
- 工作中的可用性/影响。

  ——经验法则：开发一个数据收集过程使人们可以每天花费 15min 或者更短时间。那样会增加按部就班地、正确地收集数据的可能性。

- 避免潜在的偏见：不希望出现如下状况：数据收集者不愿意把某物标记为一种"缺陷"或不可接受的输出。
- 数据收集利益的评估：数据对收集者有帮助吗？

8. **培训数据收集者**
   - 根据数据收集者的建议设计检查表。
   - 试验数据采集程序。让收集者练习使用数据收集表并应用操作定义。解决使用中的任何冲突或差异。
   - 解释数据如何被用来制表（这将帮助数据收集者看到不遵循标准采集数据的后果）。

9. **为分析做基础工作**
   - 决定由谁编制数据以及如何编制数据。
   - 准备一个电子表格来编制数据。
   - 考虑如何处理数据（排序、绘图、计算），并确保数据的格式针对你的目的来说将是可以使用的。

10. **执行数据收集计划**

测量选择矩阵

重点强调

用于寻找与客户需求联系最紧密的测量。

创建并使用测量系统矩阵

输出测量 / 客户需求	前置时间 ≤30min 的订单	% 比萨饼在交货地点与订单匹配	% 比萨饼交货前与订单相匹配	#关于一致性的投诉	在交货地点温度 ≤110℃	#客户对质量的投诉
按时交货	●	△	△	△	△	◎
正确的配料		●	●	◎		◎
每次同样的产品	△	△	△	●	◎	◎
热度	◎		△		●	◎
未损坏	△		△	◎	△	◎

评价：●很好 ◎中等 △不好

1. 收集客户的声音数据（见第 4 章）来识别品质关键点的要

求，列出一个矩阵的列。

2. 确定输出测量（通过头脑风暴法、已经收集的数据、过程知识、SIPOC 图等），并列出矩阵顶部的一行。

3. 针对矩阵进行团队讨论，一个特定测量与相应要求的关系是什么：强、中、弱或没有关系。使用数字或符号（如上面例子所示）来得到团队的认同。

4. 审核最后的矩阵。开发关于收集与客户需求联系最紧密的测量的数据的计划。

分层因素

重点强调

目的是收集描述性信息，将帮助识别数据中的重要模式（关于根本原因、使用方式等）。

- 有助于将项目集中在关键少数因素上。
- 加快对根源的搜寻。
- 形成对过程因素的更深理解。

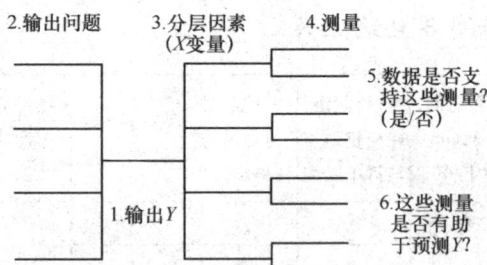

识别分层因素

你的团队可以通过头脑风暴法识别分层，即通过对你认为可能会影响或与你所研究的问题或结果有关的特征或因素列表进行集体讨论而得到。这里描述的方法使用一个修改过的树形图（如上图所示），以提供更多的关于过程的结构。

1. 识别一个输出测量（Y），把它放在的树形图的中心点。

2. 列出关于该输出的关键问题。

3. 识别描述性特征（分层因素），定义你怀疑可能与你的问题相关的不同的数据子群。这些是你可能想要用来"切割"数据以揭示模式的不同的方法。

   例：你怀疑采购模式可能与采购公司的规模相关，所以你会想收集关于买方规模的信息。

   例：你想知道模式变化是否随天不同，那么数据将根据它的收集的时间被标记。

   例：你想知道工作延迟是否在一个星期中的某些天比其他时候更严重，那么数据将被打上星期几的标签。

4. 为每个子群或分层因素创建特定的测量。

5. 审核每个测量（包括测量 Y），并确定当前的数据是否存在。

6. 与团队讨论当前的测量是否有助于预测输出 Y。如果没有帮助，考虑在哪里应用测量系统会帮助预测 Y。

操 作 定 义

重点强调

● 操作定义清晰、准确地说明了如何使用一个特定的测量。
● 它们有助于确保共同的、一致的数据收集和结果解释。

创建操作定义

1. 作为一个团队，讨论想要收集的数据。力求为一个共同认同的目标收集数据。

2. 精确地描述数据收集过程。

   ● 数据收集者应该采取哪些步骤？
   ● 他们应该如何进行测量？

   例：如果在银行进行交易时间的测量，什么事件引发"启动秒表"？一个客户何时进入队列？他/她何时走向出纳员？

例：如果测量一个物体的长度，你如何能确保在测量过程中，数据收集者每次都把尺子或卡尺放在同一个位置？

例：什么才计为一件成品上的一道"划痕"？什么才计为一个表格中的一个"错误"？（拼写错误？缺失信息？错误的信息？）

- 什么表格或工具才会帮助数据收集者？尤其是如何使用这些表格或工具？
- 如何记录数据？用什么单位？

3. 首先由参与上述步骤2的人测试操作定义，然后再由没有参与过程的人进行测试，并对结果进行比较。在进行相同的计算或测量时，两组中的每个人是否都得到了相同的结果？根据需要完善测量描述，直到得到一致的结果。

小贴士

- 开发可视化指南来帮助人们正确的测量。比如，带有注明要测量或计算什么（以及如何做）标签的照片、"好"与"坏"的标准示例等。

使用现有数据的注意事项

使用现有数据能令你利用存档数据或当前的测量了解输出、过程或输入；**收集新数据**意味着记录新的观测所得（可能涉及审查一个现有指标但具有新的操作定义）。

使用现有数据比收集新数据更快捷、便宜，但有一些重要的注意事项：

- 数据必须在你可以使用的表单中。
- 要么数据必须是相对近期的，要么你能够证明从它们被收集至今条件没有明显改变。
- 你需要知道数据是何时以及如何被收集的（以及数据收集的方式与你想回答问题的一致）。
- 你应该对数据是使用符合你的操作定义的步骤被收集的有信心。

- 数据必须能真实地代表过程、小组、测量系统。
- 必须有足够的数据证明你的结论有效。

如果这些条件不能满足，你绝对应该考虑收集新数据。

小贴士

使用旧的数据很少是明智的。现有的数据最好用于建立历史模式和补充新数据。

制作检查表

重点强调

- 每次收集数据时设计一个新的检查表（根据情况）。
- 运用标准表格更容易收集到可靠、有用的数据。
  - ——可以更快地捕捉和编制数据。
  - ——确保不同的人得到一致的数据。
  - ——捕捉可能被忽略或遗忘的必要描述（分层因素）

创建和使用检查表

1. 选择被包括的特定的数据和因素。
2. 确定时间覆盖。
   - 一天、一周、轮班、季度等。
3. 构建表格。
   - 在下面页面审查不同的格式，选择一个最适合你的需要的。
   - 包含一块空白用来填写数据收集者的姓名或缩写。
   - 包含原因/评论专栏。
   - 使用完整的日期（月、日、年）。
   - 使用解释性标题。
   - 决定测量精度（秒或分钟或小时；微米或毫米）并标注在表上。
     - ——经验法则：越小的增量精度越高，但不要超越被测物品精度要求的合理性（例：不要用秒测量持续几周的周期时间——坚持用小时）。

4. 对设计的表单进行试点测试，并根据需要做出修改。

- 如果"其他"栏有太多条目，可能会遗漏重要类别的信息。检查归类为"其他"的条目，看看是否有新类别可以添加到检查表。
- 在开始实际数据收集试验之前进行修改。

基本检查表

缺陷	星期				
	1	2	3	4	总计
错误的 SSN	I		I	I	3
错误的地址		I			1
错误的工作历史	I			I	2
错误的薪水历史	II	I	III	I	8

- 容易制作和使用。
- 简单地列出你关注的这些问题并且留出空间，允许当有人发现问题时做标记。
- 这里所示的例子还包括一个时间因素。

频率图检查表

修理车间产量（7月1日—7月19日）	
日　期	完成维修
1	
2	× × × × × × ×
3	× × × × ×
4	× × × × ×

（续）

修理车间产量（7 月 1 日—7 月 19 日）	
日　　期	完 成 维 修
5	× × × ×
6	× ×
7	× × ×
8	×
9	× × × × × ×
10	× × × ×
11	× × × ×
12	× × × ×
13	×
14	× × ×
15	
16	× × × × × ×
17	× × × × ×
18	× × × × × × ×
19	× × × ×

- 当过程在运行时便于手工操作。
- 按照规模或订购数量自动显示销售物品或事件的分布。
- 有助于在一个种群中检测不寻常的模式或检测多个种群。
- 分析可视化显示平均值和范围，没有任何进一步的分析。

旅行检查表

- 随工作项目旅行的检查表（产品、表格等）。操作员在每个流程步骤输入适当的数据。
- 收集过程前置时间数据的好方式。
- 根据需要添加列用来记录所需的其他数据，如增值时间、延误、缺陷、半成品等。

- 表单的顶部的空白用来填写跟踪信息（一个唯一的工作或工件标识符）。
- 决定该表如何跟随工作项目（例如，物理连接到文件或产品或电子邮件提醒）。

旅行检查表

六西格玛比萨饼订单

订单号 #3256-879 日期 2010-6-24

订单类型：⊠常规的 □低脂的 □其他

金额： 27.25 美元

客户方向地点 □西北部 □西部 ⊠西南部 □东部

过程步骤	开始时间；完成时间	发现的缺陷
下单时间	13：30；13：42	
准备订单	13：49；14：03	‖
交付	14：22；14：37	

位置检查表（浓度图）

- 数据收集表基于一个产品、工作场所或表格的物理表示。
- 数据收集者标记所发现的预定义的缺陷。
- 允许你准确地指出易于出现缺陷或问题的地方（所以确定了进一步数据收集工作的重点）。

完成缺陷

抽样基础

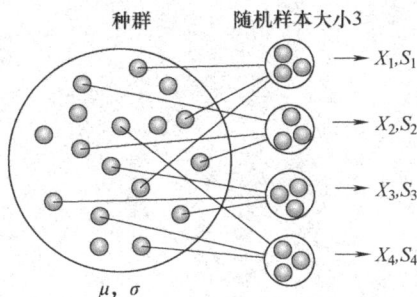

种群 随机样本大小3

X_1, S_1

X_2, S_2

X_3, S_3

X_4, S_4

μ, σ

抽样是为了对整个群做出决定而在一个大的群中抽取一个或多个子集数据。

在更快的数据收集（因为你只需要抽样）与关于整个群真正发生的一些不确定的事物之间进行权衡。

下表展示的是标准符号。

	种群 （=参数）	抽样 （=统计）
物品的计数	N	n
平均值	μ	$\overline{X}$
平均估计值	$\hat{\mu}$	$\overline{X}$
中间值	$\tilde{\mu}$	$\tilde{X}$
标准偏差	σ	S
标准误差估计值	$\hat{\sigma}$	S

注：从技术上讲，平均值（$\overline{X}$）符号应该用小写字母，但（除统计书籍）常见使用大写，因此，本书中使用惯例。

μ = 希腊字母"mu"	σ = 希腊字母"sigma"	
—— 条直线叫作"bar"，表示平均	~曲线波浪号（发音til-dah）表示一个中间值	^尖角（或帽子）表示一个估计值

抽样的类型：过程与种群

种群——来自一个具有定义边界的不变的组，与时间因素无关。

例：客户、投诉、仓库中的物品

过程——从一个业务流程中不断变化的物品流中抽样，有时间因素。

例：每周的新客户、每小时的投诉量、每天收到/发出的物品

为什么过程抽样或种群抽样很重要

- 有不同的工具来分析种群数据和过程数据，所以你必须清楚你要收集什么类型的数据。
- **最传统的统计培训专注于从种群中抽样。你有一个固定不变的项目或事件，从中选择比较有代表性的根本是相对容易的。相反，质量和业务过程的改进往往更关心过程，其中变化是一个常量。**
- **与群体数据相比，过程数据往往能给人们提供更多的信息（例如，关于趋势的信息），所以在大多数情况下是首选。过程抽样技术是过程监测和控制的基础。**

抽样条件

　　抽样事件——从种群或过程中提取项目的行为。

　　子集——为了测量，在每个抽样事件中的连续被提取单元的数量（一个"子集"可以只是一个项目，但通常是两个或更多）。

　　抽样频率——一天或一周的抽样次数（例如，每天两次、每周一次）。其仅适用于过程抽样。

样本选择因素

有一些因素影响你必须收集的样本的大小和数量。

- **情况**：是一个现有的不会改变的项目集合（种群）还是一组不断变化的项目集合（过程）。
- **数据类型**：连续型或属性。
- **目标**：你将如何处理结果。
- **熟悉**：对于这种情况你有多少先验知识（如过程表现的历史数据、关于各种客户群体的知识等）。
- **确定性**：对你的结论需要多少"信心"。

理解偏差

抽样的一个大陷阱是偏差——选择的样本并没有真正代表整体。典型的偏差来源包括：

- 自我选择（例如，要求客户主动拨打电话而不是随机给他们打电话）。
- 自我排斥（例如，某些类型的客户与其他客户相比并不积极回应）。
- 丢失主要代表性数据。
- 忽略不合格（不符合预期的）的事物。
- 分组。

两种最糟糕的选择样本方法

- **判断**：基于别人的过程知识选择一个样本，假设它具有代表性。应该避免由于判断导致的偏差。

- **方便**：对最容易测量的项目或在最方便的时间进行抽样（例如，从你认识的人那里或者在你去喝咖啡的时候收集客户的声音数据）。

两个最好的选择样本的方法

- **随机型**：种群抽样的最佳方法。在 Excel 或其他软件中使用一个随机数表或随机函数，或从帽子里抽取数字，以确定从种群中选择哪些项目。
- **系统型**：在过程抽样中最实用和无偏差的。"系统型"意味着我们选择每个第 n 个单位。当样本的选择匹配了过程的某种模式时会发生偏差风险。

稳定过程（种群）抽样

重点强调

- 一个稳定过程是一个只具有共同原因的变化（见第 7 章）。这意味着相同的因素总是存在的，你不需要担心丢失某些可能出现或消失的特殊原因。
- 在本质上，稳定过程与种群相同。

从一个稳定过程中抽样

1. 开发一个初始数据
   - 种群大小（N）。
   - 分层因素：如果选择进行分层抽样，需要知道每个子集或层的大小。
   - 精度：你想要你的测量如何紧密地（在怎样的误差范围内描述结果）。
   - 变量估计：
     ——连续型数据，估计被测量变量的标准偏差。

——离散型数据，估计 P，即种群内具有相应特性的项目的比例。

2. 建立采样策略

- 随机型或系统型？
- 你将如何抽样？谁做这件事？
- 你将如何防止抽样偏差？（见 P95）

——你需要的样本很具有代表性，但需要花费时间、精力和金钱。

——目标是避免那些在抽样中和不在抽样中的项目之间的差异。

3. 确定最小样本大小（见 P85）。
4. 根据需要调整，确定实际样品大小。

小贴士

- 根据定义，一个不稳定过程是不可预测的。基于一个不稳定过程的样本对种群进行推论是不明智的。进行推论之前要先建立稳定性。

确定最小样本大小的公式（种群或稳定过程）

连续型数据

$$n = \left(\frac{1.96s}{\Delta} \right)^2$$

n = 最低样本大小；

1.96 = 代表一个 95% 置信区间的常数（注意：当样本估计大小为 30 或更大时，这个系数是有效的——对于较小的样本，根据 t 分布增大该常数）；

s = 估计的标准偏差数据；

Δ = 差数（样本所需精度水平），你需要努力去查明其大小，与 "s" 的单位相同。

注意：如果最小估计样本大小小于30，使用30作为样本大小。

如果你使用Minitab软件，它可以计算样本大小。打开Minitab，选择"**Stat > Power and Sample Size >**"，然后选择下面二者之一：

a）1-样本t，如果样本来自正态分布的数据集，并且需要一个相对较小的样本（小于25）。

b）1-样本Z，如果不确定数据集的分布以及样本大小大于30是可以接受的。

在计算样本大小之前，必须告诉Minitab你要检测什么样的差数（Δ，delta）以及你对什么权值（检测差数的概率）感到合适（通常不低于0.9）。其他细节请参照Minitab中的帮助。

离散型数据

$$n = \left(\frac{1.96}{\Delta}\right)^2 P(1-P)$$

n = 最小样本大小；

P = 有缺陷的种群或过程的比例估计值；

Δ = 所需样本的精度水平（表示为十进制或百分比，单位与P相同）。

- 1.96 = 代表一个95%置信区间的常数；
- $P(1-P)$的最大值为0.25，即$P = 0.5$。

再次使用Minitab计算样本大小。打开Minitab，选择"Stat > Power and Sample Size >"，然后选择下面二者之一：

- 比例1（将比例与一个固定标准相比较）。
- 比例2（对两个比例进行比较）。

小种群

对于小种群，所需的最小样本大小需要改变。如果n/N大于0.05，则样本大小可以调整为

$$n_{\text{finite}} = \frac{n}{1 + \left(\dfrac{n}{N}\right)}$$

只有当 $nP \geqslant 5$ 或当 $n(1-P) \geqslant 5$ 时，可以使用比例公式。

两个样本大小公式都假设一个 95% 的置信区间和一个相比于整个种群大小（N）的小样本的大小（n）。

测量系统分析（MSA）与量具重复性和再现性（Gage R&R）概述

目标

确定一个测量系统是否可以生成准确的数据，以及精度是否足以实现你的目标。

为何使用 MSA

- 确保数据的差异是由于被测量对象的差异，而不是来自测量方法的变化。
- 注意：经验表明，30%～50% 的测量系统不能够准确或精确测量所需的指标。

MSA 的类型

量具重复性和再现性（Gage R&R）（见 P86）

偏倚分析（见 P95）

稳定性分析（见 P97）

分辨力分析（见 P99）

Kappa 分析（见 P99）

测量误差的组成

测量需要"精确"和"准确"。准确度和精密度是不同的、独立的属性质：

- 数据可能是准确的（反映真实值的属性），但不精确（测量单位没有足够的分辨力）。
- 反之亦然，数据可以是精确的但不准确（它们是精确测量的数据，但并不能反映真实值）。

- 有时数据可能既不准确，也不精确。
- 很明显，目标是获得既精确又准确的数据。

从统计学角度来看，有四个可取的特点涉及精确度和准确度的连续数据：

1）在得到的测量值和"真实值"之间没有系统性差异（偏倚分析，见 P95）。

2）我们反复采取相同的测量或者不同的人采取相同的测量，都能够得到同样结果的能力（量具重复性和再现性分析，见 P87）。

3）该系统具有在过去和未来都能得到相同结果的能力（稳定性分析，见 P97）。

4）该系统具有检测有意义的差异的能力（分辨力分析，见 P99）。

（另一种理想的特性，线性——通过广泛使用测量设备和程序获得一致结果的能力——是不常出现的问题，不包括在本书中。）

注意：**在未校准的设备上测量可能会影响到所有这些因素。校准是不包括在本书中的，因为设备不同，其差别很大。要确保遵循既定的程序校准用于收集数据的任何设备。**

量具重复性和再现性：收集数据

重点强调

量具重复性和再现性包括评估测量系统的重复性和再现性。

- **重复性**是指测量系统的固有变异性。这种变异发生在同样条件下进行的连续测量中：

> 同一个人
>
> 同一被测事物
>
> 相同的特性
>
> 同一仪器

相同的设置

相同的环境条件

- **再现性**是指在对相同零件或相同过程的相同特性进行测量时，不同的操作人员使用相同的测量仪器和技术所得到的测量均值的变化。

不同的人

相同的零件

相同的特性

同一仪器

相同的设置

相同的环境条件

使用量具重复性和再现性

1. 确定测量系统的元素（设备、操作人员或数据收集者、零件/材料/过程和其他因素）。
   - 检查任何测量仪器的分辨力，等于或小于1/10的预期过程变化/规格范围。
2. 选择包括在量具重复性和再现性测试中的项目。确保能表示整个过程变化的范围（整个规格范围加上在规格高、低两段稍微超出的部分）。
3. 选择2个或3个操作人员参与这项研究。
4. 确定5~10个被测项目。
   - 确保项目被标记，以便于收集数据，但对操作人员保密。
5. 每个操作人员以随机顺序测量每个项目2~3次。
6. 数据收集和分析。参见P90~96关于统计软件所产生的典型绘图的解释。

小贴士

- 在制造业，可以参考美国汽车工业行动集团（参见www. AIAG. org）的标准之一。

  ——短形式：2个测量者测量5个项目2次（测量总数=20）。

——长形式：3个测量者测量10个项目3次（测量总数＝90）。

- 在那里的研究不是作为一个参与者，而是作为一个观察者。注意无计划的影响。
- 在研究中不断随机化测量项目，避免由于操作人员的偏见影响测试结果。
- 当第一次检查一个给定的测量系统，通常会让这个过程正常运行（即没有预先训练，没有调整设备或仪器，没有特殊项目）。

解读量具重复性和再现性结果

背景

在大多数情况下，MSA或量具重复性和再现性研究收集的数据将输入到一个软件程序中。下面是你可能看到的输出类型的示例，以及关于寻找什么的指导。

基本术语

量具重复性和再现性 ＝测量系统的可重复性（同一个人使用同样的方法得到同样的测量数据的可能性有多大）和再现性（不同的人使用相同的方法／工具得到同样的测量数据的可能性有多大）。

量具重复性和再现性衡量去掉了由于零件不同导致的变化之后的响应的变异性。这考虑到了由于量具、测量者和测量者与零件的相互作用产生的变异性。

重复性："量具滋生差异"——一个数据收集者／检验员一遍又一遍地测量同一事物时得到的差异量。它也被称为"测试／重测误差"。

再现性：不同的人测量同一项目时产生的差异量。它也被称为"测量者之间的"误差。

零件到零件：被测零件之间的变化估计。

变异的组成

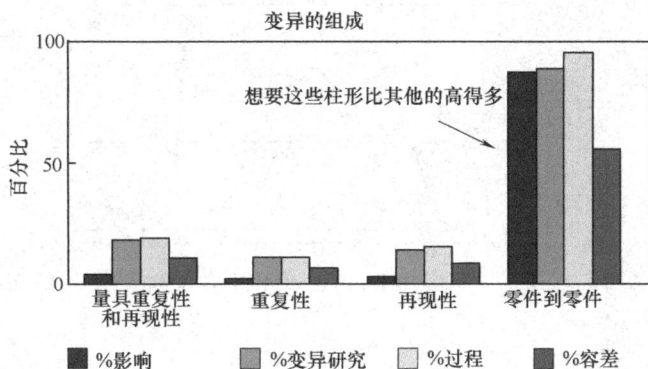

变异的组成

想要这些柱形比其他的高得多

百分比

量具重复性
和再现性　　重复性　　再现性　　零件到零件

■ %影响　　■ %变异研究　　□ %过程　　■ %容差

你要寻找的：

- 你想要零件到零件柱形比其他的高得多，因为这意味着被测项目大部分的变异来自被测零件之间真实的差异。

- 如果量具重复性和再现性、重复性和再现性柱形高，意味着测量系统是不可靠的（重复性＋再现性＝量具重复性和再现性）。

- 关注变异研究柱形——这是测量误差的变异量（用百分比表示）。具体而言，计算方法为用量具的标准偏差除以所观察到的总的标准偏差，然后乘以100。变异研究的通用标准（如AIAG）如下：

不到10% 是好的——它意味着由于测量系统而有小的变异，大部分是真实的变异。

10%～30% 是可以接受的——这取决于应用场合（30%对任何过程改进成果来说是可以接受的最大值）。

超过30% 是不可接受的（测量系统是太过不可预知的）。

重复性

重复性使用量具重复性和再现性控制图中的范围图检查。这个图显示了每个操作人员对每个零件测量时的变异。

操作人员的范围图

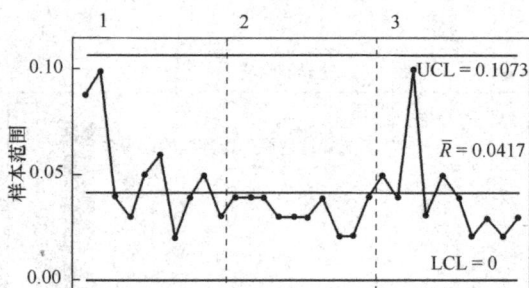

如果图显示是在"可控制"范围内，则量具和操作人员是"可重复"的。

你要寻找的：

- 范围图在可控制的范围内吗？（查看控制图的指南，见 P120 ~ 132）
- 在控制上限（UCL）以上的任何点需要调查。
- 如果相同工件的最大值和最小值之间的差异不超过控制上限，则量具和操作人员可以被视为可重复的（取决于具体的应用）。

再现性

再现性的图形化表示每个操作人员测量相同的项目所产生的数据之间的显著差异。

操作者的$\overline{X}$图

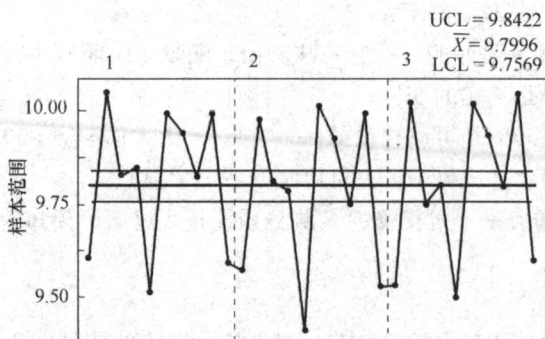

希望图"不受控"——意味着量具的方差远小于被测量项目的差异。

- 对所有数据收集者/操作人员，比较所有"操作人员的$\overline{X}$图"
- 请记住：范围图确定$\overline{X}$的上、下控制界限。

你要寻找的：

- 这是一个实例，关于想要点一致超出控制上限和下限（UCL、LCL）。控制界限是由量具方差决定的，这些图应该显示量具方差明显小于零件自身的可变性。

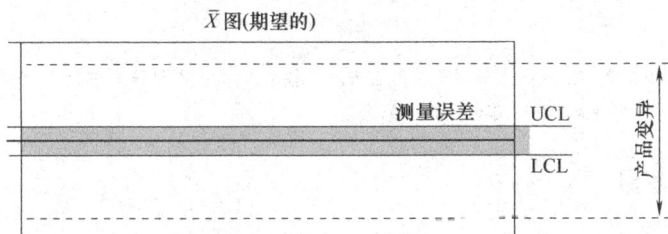

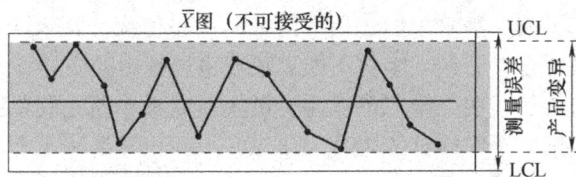

$\overline{X}$图(期望的)

测量误差　UCL

LCL

产品变异

$\overline{X}$图（不可接受的）　UCL

LCL

测量误差　产品变异

- 对比操作人员之间的操作方式。如果它们不相似，可能存在操作人员/零件或操作人员/设备的交互作用（这意味着不同的操作人员以不同的方式使用设备或测量零件）。
- 注意：如果抽样并不能代表整个过程的变异，量具（重复性）方差可能大于零件方差而产生无效的结果。

按零件绘图

按零件绘图把所有操作人员测量所有零件数据绘制在一起。它显示原始数据，并强调这些测量的平均值。这个图显示了 10 个零件的每份测量数据（由三个不同的操作人员测量）。

按零件绘图

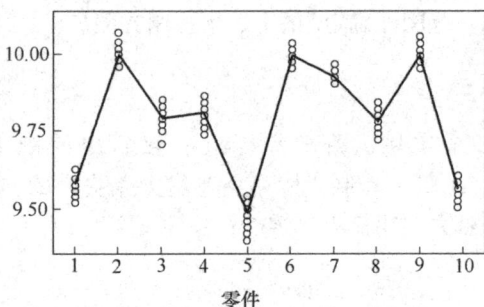

希望每个零件的读数范围与其他零件的范围一致。这不是这里的情况（例如，比较第七个零件和第三个零件的范围）。

你要寻找的：

- 对于相同的零件，图应该显示出一致的变化范围（从最小尺寸到最大尺寸）。
- 如果不同点集最大值和最小值之间的差值变化很大，可能意味着所选择的校准零件不能真正代表过程中的变异。
- 在这个例子中，第三个零件的最大值和最小值之间的差值远大于第七个零件（点密集分布）。这一差异是否足够明显取决于允许的变异量。
- 注意：如果一个零件显示一个大的分布，则它可能是一个不好的测试零件，因为其特征可能不清晰，或者每次用相同的方式测量该特征很困难。

按操作人员绘图

按操作人员绘图是根据收集数据（"运行过程"）的人员对数据进行分组，而不是按照零件分组，所以有助于识别操作人员的问题（如使用的操作定义或测量装置不一致）。在这个例子中，三个操作人员每人测量相同的 10 个零件。把每个操作人员的 10 个数据点堆叠起来。

你要寻找的：

- 连接所有的零件平均值（每个操作人员测量的所有工件）的

线应该是水平或几乎水平的。

按操作人员绘图

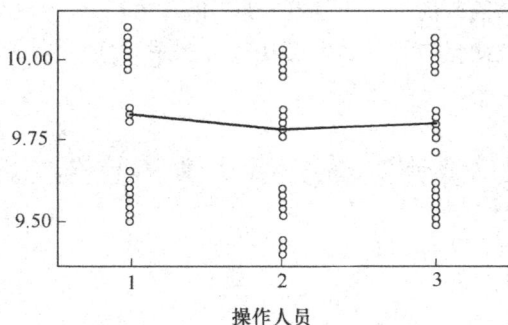

操作人员

如果连接平均值的连线是水平或几乎水平的，则各操作人员之间不存在显著差异。

- 任何显著的斜率表示至少有一个操作人员的测量偏倚大于或小于其他操作人员。
- 在该示例中，2号操作者的测量值略小于1号和3号操作者。偏倚是否显著取决于允许变异的水平。

操作人员—零件图

下图显示了每个操作人员参与这项研究的数据。这是显示操作人员和零件相互作用的最好的图（即不同的人如何测量不同零件的差异）。

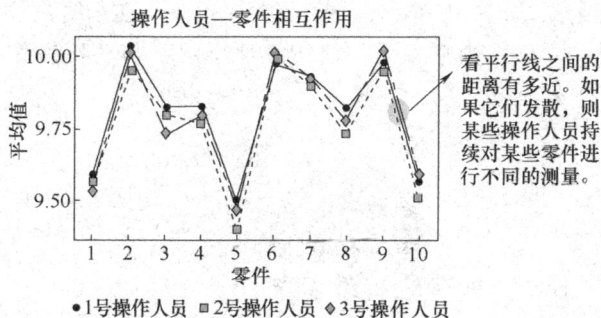

操作人员—零件相互作用

看平行线之间的距离有多近。如果它们发散，则某些操作人员持续对某些零件进行不同的测量。

●1号操作人员 □2号操作人员 ◇3号操作人员

你要寻找的：

- 如果所绘制的平均值连线分歧明显，那么进行测量的操作人员与被测量的零件之间存在某种联系。这不是好现象，需要进行调查。

测量系统分析：评估偏倚

精度与偏倚

精度是指测量的平均值偏离真实值的程度。简而言之，它所涉及的问题是："平均而言，我得到'正确'答案了吗?"如果答案是肯定的，那么测量系统是准确的；如果答案是否定的，则测量系统是不准确的。

偏倚是指所观察到的平均测量值与真实值或"正确"答案之间的距离。在统计方面，偏倚是确定平均测量值与"真实值"之间的一个固定数量。偏倚的影响包括：

操作人员偏倚——不同的操作人员对同一个值得到的可察觉的不同的平均值。可以使用前面介绍的量具重复性和再现性图进行评估。

仪器偏倚——不同的仪器对相同的零件进行相同的测量得到的可察觉的不同的平均值。如果怀疑有仪器偏倚，安排一个特定的测试，一个操作人员使用多个设备，在相同条件下测量同一零件。创建一个与"按零件绘图"和"按操作人员绘图"相似的"按设备绘图"，见 P94 ~ 95。

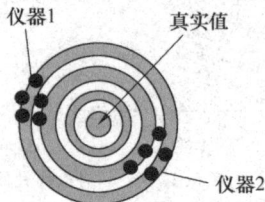

其他形式的偏倚——日常（环境）、客户和供应商（地点）。与数据专家（如黑带大师）交流，以确定如何检测这些形式的偏倚并抵制或消除它们。

测试整体测量偏倚

1. 收集一组用于测试的零件，确定每一零件测量特征的"主值"（商定的测量）。
2. 计算测量值和主值之间的差值。
3. 检验平均偏倚等于 0 这一假设（见 P156）。
4. 解释相对于个体差异 95% 的置信区间的 0 的位置。你希望平均值的 95% 的置信区间与"真实"值重叠。在下面的箱线图中，置信区间重叠 H_0 值，因此不能拒绝样本和主值是一样的这一假设。

差异的箱线图
(H_0 和均值 95% 的置信区间)

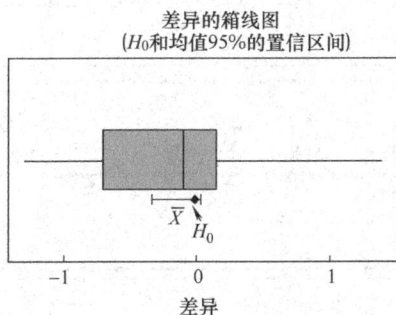

差异

如果 $\overline{X}$ 的置信区间与 0 重叠，那么测量在统计意义上与"主值"没有什么不同。

测量系统分析：稳定性评价

如果测量值不改变或随着时间的推移而偏移，则该仪器被认为是稳定的。失去稳定性可能是由于：

- 测量装置的劣化。
- 操作人员的操作变化增加（如人们忘记操作定义）。

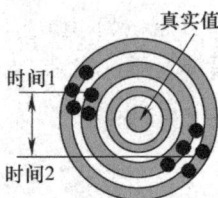

一个常见的和经常性的不稳定的原因是缺乏强制执行的标准作业程序。提问：

- 标准作业程序是否存在？
- 标准是否被人们理解？
- 标准是否被遵守？
- 标准是否被普及？
- 操作人员是否认可？
- 如何以及多久进行一次稳定性测试的审核？

测量系统的稳定性可以通过测量系统的控制图来进行测试（见下图）。

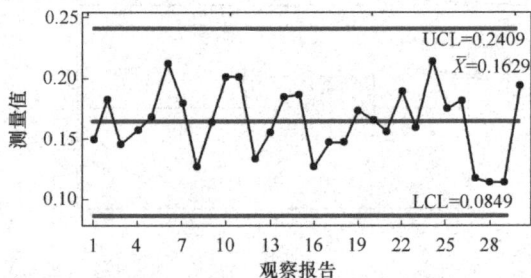

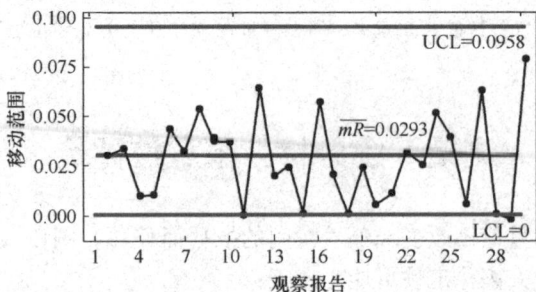

测量稳定性监测与过程稳定性相同——用控制图。它是一个"独立的、移动的范围"（*ImR*）测量图。人们希望两个图都在控制之下（见 P122 更多的 *ImR* 控制图方面的介绍）。

测量系统分析：评估分辨力

分辨力是测量系统检测特性变化的能力。一个测量系统如果不能检测变化过程和不能区分特殊和普遍水平的变化，是不可接受的。（例，在大多数径赛项目中需要 1/100s 分辨力的计时装置）。

在概念上，测量系统应该能将较小的公差或 6 个标准偏差划分为至少五个数据类别。图示化评估分辨率的一个好方法是研究范围图（UCL 和 LCL 之间的距离大约是 6 个标准偏差）。

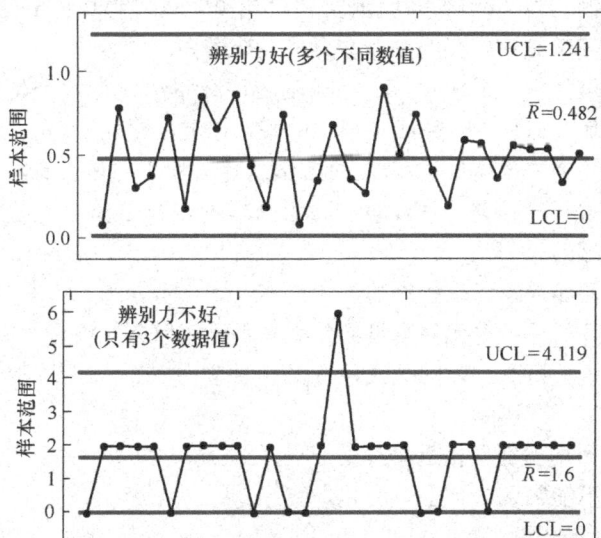

属性/离散型数据测量系统分析

属性和有序的测量往往凭借主观的分类或分级。

例，评价特性是好是坏，评价酒的香味、口感和回味，从 1 到 5 的等级评定员工绩效，体操评分。

本书前面论述的测量系统分析程序只用于连续数据。当没有选择时——当你不能改变一个属性指标为连续的数据类型——采用 Kappa 计算。Kappa 适用于非量化（属性）的系统，例如：

好或坏

走/不走

区分噪声（嘶嘶声、叮当声、砰砰声）

通过/失败

Kappa 属性数据的注意事项

a) **同等对待所有不被接受的类别。**

例：两个不同评价者的数值是否相近（例如，5 与 4）或相差甚远（5 与 1）并不要紧。对所有的差异一视同仁。

例：与"砰砰声"相比，"叮当声"既不更坏也不更好。

b) **不假设评级同样分布在可能的范围内。**

例如：如果你有一个完成度的评级系统，有六个类别（毛坯、粗加工、完成一半、中等、中上、完成），是否每类都比前一类多完成 20% 的工作或者类别之间是否有差异并不重要（这是一件好事，因为这样的情况下是不能按数字分配的）。

c) **需要的单元是独立的。**

——一个单元的测量或分类是不受任何其他单元的影响的。

——所有的裁判员或评分员是独立分类的（所以他们不相互影响）。

d) **评估类别是相互排斥的（不会重复——归入一个类别，就不能归入第二个类别）。**

如何确定 Kappa

1. **选择项目的研究样本。**

- 如果只有两个类别，好的或坏的，则应该最少有 20 个好的和 20 个坏的（共 40 项），最多有 50 个好的和 50 个坏的（共 100 项）。

——尽量保持约 50% 好的和 50% 坏的。

——选择不同程度好的和坏的项目。

- 如果有两个以上类别，有一个好的，其他类别反映不同的缺陷模式，应使得 50% 是好的项目，其他每个缺陷模式至少有 10% 的项目。

　　——可能会把一些缺陷模式归类为"其他"。

　　——类别应该是相互排斥的（不存在重叠），否则，把有重叠的任何类别组合起来。

2. 每个评分员至少评价同一单元两次。

3. 每一个评分员需创建单独的 Kappa 表，每个评分员有单独的评分表（参见 P98 说明）。

4. 创建一个评分员之间的 Kappa 表，根据每个评分员的第一次判定来创建。

- 评分员之间的 Kappa 表采用成对对比的形式（AB 对比、BC 对比、AC 对比等）。

5. 解释结果

- 如果 Kappa 值小于 0.7，则测量系统是不够的。
- 如果 Kappa 值是 0.9 或以上，则测量系统是优秀的。
- 如果 P 预期值 = P 随机值，那么 $K = 0$。

　　——Kappa 值为 0 表示随机值与预期值相同。

- 警告：一个坏苹果可以毁掉一堆好苹果！一个小的 Kappa 值意味着一个评分员在进行每次测量时，他/她的测量方式都在变化（低重复性）。低重复性的评分员影响与其他评分员比较的准确性。

Kappa 计算

$$K = \frac{P_{observed} - P_{chance}}{1 - P_{chance}}$$

$P_{observed}$：两个评分员都认同的单元比例。

$P_{observed}$ = 两个评分员都认为好的比例 + 两个评分员都认为坏的比例。

P_{chance}：根据概率认同的比例。

P_{chance} =（评分员 A 评定等级为好的比例 × 评分员 B 评定等级为好的比例）+（评分员 A 评定等级为坏的比例 × 评分员 B 评定等级为坏的比例）

注意：这个方程适用于两个类别（二元的）分析，每个项目只能是两个类别之一。

举例：单一的评分员评定 Kappa 重复性

		评分员 A 的第一次测量		
		好的	坏的	
评分员 A 的第二次测量	好的	0.5	0.1	0.6
	坏的	0.05	0.35	0.4
		0.55	0.45	

$P_{observed}$ 是在对角线上的概率总和。

$$P_{observed} = 0.5 + 0.35 = 0.85$$

P_{chance} 是每个分类的概率相乘，然后求和。

$$P_{chance} = 0.6 \times 0.55 + 0.4 \times 0.45 = 0.51$$

然后 $K_{rather\ A} = (0.85 - 0.51) \div (1 - 0.51) = 0.693$

为了获得良好的可靠性，Kappa 值低于公认的基准 0.85。

举例：两个不同的评分员计算 Kappa 重复性

评分员 A 和评分员 B 对比		评分员 A 的第一次测量		
		好的	坏的	
评分员 B 的第一次测量	好的	9	3	12
	坏的	2	6	8
		11	9	

9 = 两个评分员都认为评定单元是"好的"的次数（使用他们的第一次测量）；

3 = 评分员 A 判定一个单元是坏的而评分员 B 判定这个单元是"好的"的次数（使用他们的第一次测量）；

2 = 评分员 A 判定一个单元是好的而评分员 B 判定这个单元是坏的的次数（使用他们的第一次测量）；

6 = 两个评分员都认定单元是坏的的次数（使用他们的第一次测量）。

将这些数字转换为百分比：

评分员 A 和评分员 B 对比		评分员 A 的第一次测量		
		好的	坏的	
评分员 B 的	好的	0.45	0.15	0.6
第一次测量	坏的	0.1	0.3	0.4
		0.55	0.45	

$P_{observed}$是在对角线上的概率总和。

$$P_{observed} = 0.45 + 0.3 = 0.75$$

P_{chance}是每个分类的概率相乘，然后求和。

$$P_{chance} = 0.6 \times 0.55 + 0.4 \times 0.45 = 0.51$$

然后　　　$K_{ratherA/B} = (0.75 - 0.51) \div (1 - 0.51) = 0.489$

Kappa 值远低于可接受值 0.7，这意味着两个评分员的对项目的等级评判经常不同。

第 6 章

描述统计学和数据显示

使用这些工具的目的

提供关于一组数据的分布和属性的基本信息。

决定使用何种工具

- **统计学的常用术语**（见 P104），涵盖了统计方程式的符号和专业术语的使用标准。可根据需要查看。

- **集中趋势测量**（见 P105），涵盖了怎样计算平均数、中位数和众数。如果软件未提供这些值，则需手动为一组连续数据计算这些值。

- **测量散布**（见 P107），查看怎样计算范围、标准偏差和方差。很多类型的统计工具（控制图表、假设试验等）将需要这些计算。

- **箱线图**（见 P109），描述了一种总结了连续数据的分布类型的图。你很少手工生成这种图，但是当使用统计软件时，经常能看到它们。可根据需要查看。

- **频率图（柱状图）**（见 P111），查看不同类型的频率图并理解它们。评估正态时是必需的；推荐用于任何的连续数据。

- **正态分布**（见 P113），描述了"正态"或"钟形"分布的属性。可根据需要查看。

- **非正态分布和中心极限定理**（见 P114），查看经常遇到的其他连续数据的分布类型，以及怎样进行统计的有效推理，即便它们是非正态分布的。可根据需要查看。

统计学的常用术语

统计学领域可分为典型的两大类：

1) **描述统计学**代表了一大组观察结果的特性（一个种群或者代表一个种群的一个样本）。

　　例：平均值和标准偏差是一组数据的描述性统计。

2) **推论统计学**基于样本数据的分析提取关于种群的结论。小数量数据（样本）可被用来进行大数量数据的推论（种群）。

　　例：可以在假设测试里运用推论统计学（见第 9 章）。

参数是一些术语，被用来描述一个**种群**的主要特性。

- 种群参数可用小写希腊字母表示，如 σ 表示标准偏差，μ 表示平均数。

- 当种群数量有限时，大写字母 N 被用来表示种群的数量。大多数情况下，在改进过程中所用的**样本**（子集）数据均来自于种群。

- **统计学**（也称为"样本统计学"）这个术语被用来描述样本的主要特性。

- 统计学通常也用拉丁字母表示，如 s、$\overline{X}$（常被拼为 Xbar）和 $\tilde{X}$（被拼为 X-tilde）。

- 小写字母 n 被用来表示样本的数量（样本大小）。

通常，数学和统计学中都用大写希腊字母。这些大写字母在方程式里如同"操作符"，告诉人们执行什么计算。在本书中，你将看到大写"Σ"出现在很多的方程内：

Σ 表示所有数值应该被加在一起（求和）。

集中趋势测量（平均数、中位数、众数）

重点强调

- 集中趋势表示了中心点周围数据群围绕的紧密程度。

- 三个最常用的集中趋势测量是平均数（或平均值）、中位数和众数。

- 这些量是对集中趋势的测量，而不是对变化的测量。平均数被用于计算变化的某些统计数值。

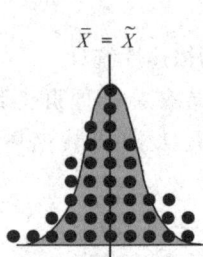

对于正态分布，平均数和中位数相同。

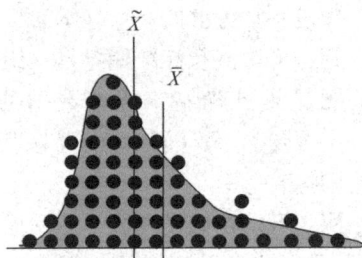

当分布是不正态的时，平均数和中位数不同。

平均数/平均值

平均数是一组数据的算术平均。

- 将所有数据的值相加再除以这些数据的个数，得出平均数。
- 或用 P104 的统计术语，有如下两种表达方式——一个为种群平均数，另一个为样本平均数：

种群平均数

样本平均数

$$\mu = \frac{\sum_{i=1}^{N} X_i}{N} \qquad \overline{X} = \frac{\sum_{i=1}^{n} X_i}{n}$$

中位数

中位数是一组按顺序排列的数据的中间点。

将数据按照升序或降序排列以决定中间点。中位数是中间的数值（如果数据点的个数是奇数），或者是两个中间值的平均值（如果数据点的个数是偶数）。中位数的符号是 X 上面加 " ~ "。

中位数用 $\tilde{X}$ 表示。

众数

众数是最常被观察到的一组数据。

举例

以升序排列 10 个学生的成绩（单位：分）：

32，33，34，34，35，37，37，39，41，44

平均数：$\overline{X} = (32 + 33 + 34 + 34 + 35 + 37 + 37 + 39 + 41 + 44)$ 分
$\div 10 = 36.6$ 分

中位数：$\tilde{X} = (35 + 37)$ 分 $\div 2 = 36$ 分

众数：两个众数（34 分和 37 分）

小贴士

- 尽管平均数最为常用，而中位数偶尔较有帮助，因为其结果很少受极端值的影响。

例如，将以上学生成绩中的 44 分改为 99 分，则平均数会变为 42.1 分（上升近 6 分），但是中位数仍是 36 分。这样说来，中位数对于整个数据集更有代表性。

测量散布（范围、方差、标准偏差）

重点强调

- 散布告诉人们在中心点周围数据是如何分布的。范围广 = 方差大。
- 测量散布通常包括范围、方差和标准偏差。
- 方差通常用图表示，如频率图或柱状图（见 P111）。

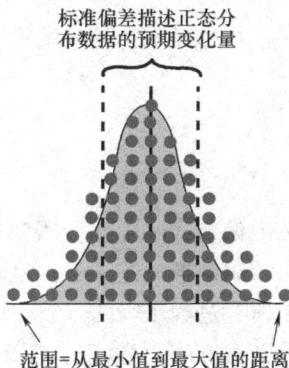

标准偏差描述正态分布数据的预期变化量

范围=从最小值到最大值的距离

范围

范围是一组数据中最大值与最小值之间的差值。

最小值（Min）是一组数据中最小的值。

最大值（Max）是一组数据中最大的值。

范围是最大值（Max）与最小值（Min）之间的差值。

举例：以升序排列 10 个年龄（单位：岁）：

32，33，34，34，35，37，37，39，41，44

最小值 = 32 岁，最大值 = 44 岁

范围 = 最大值 − 最小值 = 44 岁 − 32 岁 = 12 岁

方差

方差告诉人们所有数据到平均数有多远。

1）计算所有数据点的平均数（$\overline{X}$）。

2）计算每个数据点与平均数的差值（$X_i - \overline{X}$）。

3）对所有数据点的数值进行平方。

- 这将确保总是在计算正数，否则，所有的数值可能会相互抵消，相加之和为 0。

4）将平方后的数值相加（在统计学里，这个值称为平方和）。

5）用这个总和除以（$n-1$）（数据的个数 -1）。

$$s^2 = \frac{\text{平方和}}{n-1} = \frac{\sum_{i=1}^{n}(X_i - \overline{X})^2}{n-1}$$

注意：以上方程符合描述样本统计学的术语（见 P104）。种群的方差计算公式如下：

$$\sigma^2 = \frac{\sum_{i=1}^{N}(X_i - \mu)^2}{N}$$

尽管很多人都对标准偏差（见下文）很熟悉，但方差有一个很大的优势：它是可加的，而标准偏差不是。这就意味着，例如，一个过程的总方差来自于所有过程步骤的方差相加。

- 所以，计算整个过程的标准偏差，首先计算每个步骤的方差，并把这些方差相加，然后取平方根。不要将每步的标准

偏差相加。

使用方差的一个缺点是，其测量单位并不与数据点的单位相同。例如，对于周期时间，其方差的单位是"min"的平方，这在逻辑上没有意义。

标准偏差

标准偏差可以理解为"每个数据点至平均数的平均距离"。

$$s = \sqrt{\frac{\sum_{i=1}^{n}(X_i - \overline{X})^2}{n-1}}$$

计算样本或者种群的标准偏差的步骤和方差一样，然后简单地求出平方根。求上文例子中列出的 10 个年龄的标准偏差的方程为：

$$s = \sqrt{\frac{(32-36.6)^2 + (33-36.6)^2 + (34-36.6)^2 + (34-36.6)^2 \cdots}{10-1}}$$

和方差一样，种群的标准偏差以 σ 代替"s"，如下所示：

$$\sigma = \sqrt{\frac{\sum_{i=1}^{N}(X_i - \mu)^2}{N}}$$

标准偏差可用于对可变性进行方便的测量，因为它同数据点具有相同的单位。但是如同以上公式所示，**不能**将标准偏差相加得出一个多个过程步骤的综合的标准偏差。如果想得到一个过程总的散布，应将每个步骤的方差相加，然后求平方根。

箱　线　图

重点强调

- 箱线图，或称盒须图，可以迅速看到一组数据的分布。
- 箱线图提供了一幅图，可以迅速看出变化，并洞悉关于发现导致变化产生原因的策略。
- 箱线图还能轻易地对多组数据进行比较。

箱线图结构

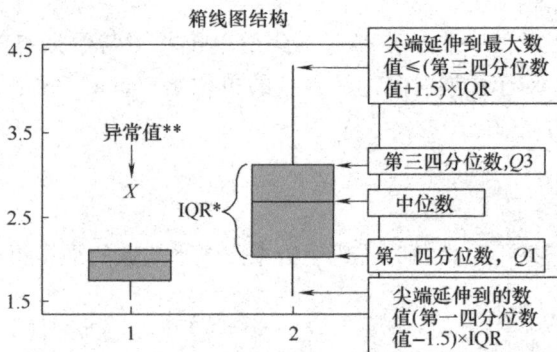

* IQR = 四分位数之间的范围（第二和第三四分位数之间的距离）

** 一个值在以下情况下为异常值：

　　——在上面的尖端（ = 第三四分位数 + (1.5 × IQR) ）之上

　　——低于下面的尖端（ = 第一四分位数 − (1.5 × IQR) ）

使用箱线图

- 箱线图通常由统计软件包输出，如 Minitab（很少手工生成）。

- "箱"显示了数据值的范围包含了50%的数据集（第二和第三四分位数）。

　　——将箱分开的线显示了中位数（参考 P106 的定义）。

　　——箱的宽度定义了四分位数之间的范围（IQR）。

- 单线"须"从下面和上面将箱线图扩展开来（或者将箱线图向左右扩展，如果箱线图是水平的），显示如下数据：

（1）（在第三四分数或其下 + 1.5）× IQR

（2）（在第一四分数或其以上 − 1.5）× IQR

- 远在上端的"须"以上或远在最低"须"以下的数值单独画出，被称为异常值。

　　——通常，异常值反映了记录数据的错误。

　　——如果数值是真实的，应该调查当时过程中的情况。

频率图（柱状图）

目的

评估一组数据的分布（了解它的基本属性，以及评估是否可以应用确定的统计测试）。

何时使用频率图

- 当你有一组连续数据的任何时候。在你评估分布的正态性时（见 P113），这影响到你可以使用什么样的统计测试。

例如：当处理不同时期采集的数据时，首先将它们以时间顺序制图（见 P118），然后创建一个此组数据的柱状图。如果此组数据是非正态分布的，不能计算控制界限或使用"为特殊原因的测试"。

频率图的类型

尽管它们的用法大致相同，仍有如下的不同类型：

1）圆点图

圆点图显示了以圆点（或其他标记）表示的观察结果，沿着一条数轴展开。如果同一数据多次出现，或者数据很相近，那么点就垂直累积。

- 人工很容易创建圆点图，所以它在统计学里用于相对较小的数据集。
- 圆点图通常被用在 30～50 个点的数据集里，较大的数据集使用柱状图（见下文）和箱线图（见 P109）。
- 与柱状图不同，圆点图显示了具体数据出现的次数。

失效之间的天数

1 2 3 4 5 6 7 8 9 10 11 12 13 14 15

2）柱状图

柱状图显示的条代表了不同范围的数据计数而不是绘制单个数据点。在数据范围里，不同的条代表了互不重叠的数据区间。

例如：所有在 0.5~1.49 之间的数值被分在了区间"1"，所有在 1.5~2.49 之间的数值被分在了区间"2"，等等。

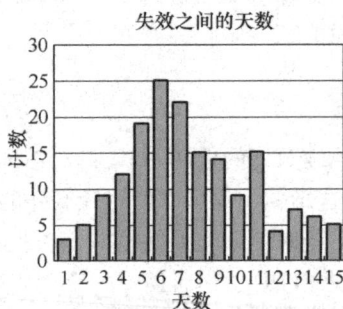

失效之间的天数

如何创建柱状图

1. 根据最小值和最大值之间的差值，得到观察数值的范围。
2. 将范围分为平均的区间。
   - 它经常比看起来更复杂。区间过多会夸大变化；区间过少则会掩盖变化的情况。
3. 计算在每个区间内观察到的数目。
4. 在每个区间内创建条，其高度代表计数。

解释柱状图的形态

柱状图和圆点图告诉人们数据的潜在分布，依次告诉人们什么样的统计试验可以使用，并指出潜在的改进机会。

1）第一张图是一张正态分布图，数据基本均衡地分布于中心均值周围。

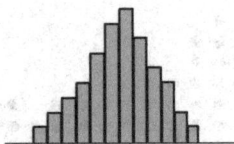

2）有两个峰的柱状图被称为**双峰图**。它通常说明有两条不同的路径在这个过程里。需要定义这个过程的客户需求，调查是什么导致了系统差异，并改进路径使这两条路径都朝向这些客户需求转移。

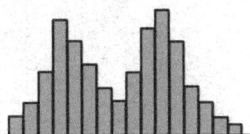

3）数据的分布可能是不对称的——数值在一边累积，而在另一边相对减少。这种图形较常见于如时间测量数据（和大多数情况比，相对较小数量的作业持续时间长）。这种类型的图形出现于数据具有潜在非正态分布或者测量设备（或方法）不充足的情况下。如果一种非正态分布在起作用，不能对此类数据使用假设试验或者计算控制界限，除非取子群平均数（参考中心极限定理，P114）。

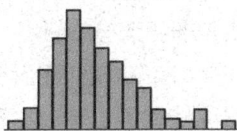

正 态 分 布

在很多情况下，数据遵循正态分布（钟形曲线）。正态分布的一个重要特性是曲线的形态和标准偏差之间的关系（对于种群是 σ，对于抽样是 s）。

- 在正态分布曲线下 99.73% 的面积包含在从平均数到 -3 标准偏差和 $+3$ 标准偏差之间的区域。
- 另一种表达方式是 0.27% 的数据位于距离平均数多于 3 倍标准偏差之外，其中 0.135% 位于 -3 倍标准偏差以下，0.135% 位于 $+3$ 倍标准偏差以上。

要使用这些概率，数据必须是随机、独立和正态分布的。

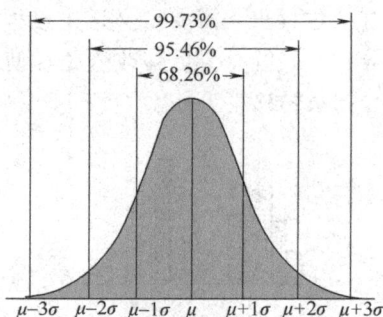

非正态分布和中心极限定理

重点强调

- 很多统计试验或者推理（如与标准偏差相关的百分率）仅应用于数据是正态分布的情况。
- 然而，很多数据集是非正态分布的。

  例：时间数据往往是向一端倾斜相对变少（偏态分布）。
- 你仍希望用圆点图或柱状图表示原始数据。
- 然而，因为很多统计试验对正态性有要求，你可能想将非正态数据转换成正态分布的。

  ——如果你有足够大的样本量，平均数（$\overline{X}$）的分布接近正态。

  ——这个特性被称为中心极限定理。

  ——因此，当有潜在的非正态分布的数据时，计算数据子集平均数是一个惯例。

中心极限定理

不管总体的形状是如何，由样本计算得出的平均数分布接近正态分布，如下所示：

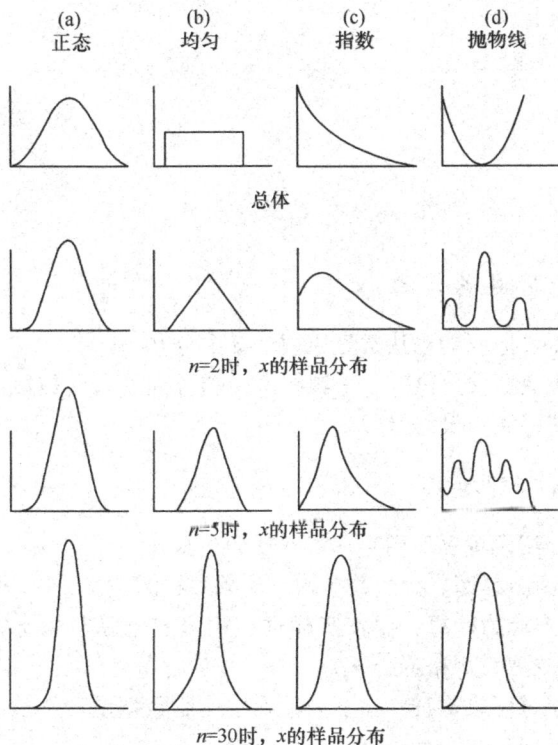

| (a) 正态 | (b) 均匀 | (c) 指数 | (d) 抛物线 |

总体

$n=2$时，x的样品分布

$n=5$时，x的样品分布

$n=30$时，x的样品分布

实用的经验法则

- 如果种群是正态的，任何样本大小的$\overline{X}$总是正态的。
- 如果种群至少是对称的，5~20 的样本大小应该是可以的。
- 最差情况：样本大小为 30 应该足够使$\overline{X}$接近正态，无论种群距正态多远（见上图）。
- 使用一个标准子群计算$\overline{X}$（例如，所有子群包括 5 个观察结果，或者包括 30 个观察结果）。
- 用来计算$\overline{X}$的数据集应该是合理子群（参考 P123）。

第 7 章

变 动 分 析

使用这些工具的目的

- 将特殊原因变动从常见原因变动中分开。
- 发现数据中提供变动来源线索的趋势和模式（以减少或消除那些根源为最终目的）。

决定使用何种工具

这里介绍两种类型用于理解变动的工具：

1) **时间序列图**，按照数据的产生顺序绘图。
2) **生产能力计算**，比较实际过程输出的范围与满足客户要求的范围（规格或公差）。

在收集过程数据时，在下类图表中绘制数据图，然后继续进行其他分析：

a) **时间序列图**（也称为运行图）：这是简单的图，过程数据只需要计算中位数（见 P118）。这种方法容易对多达 50 个的数据点进行绘图，仅需要一支铅笔和一张纸。

——使用运行图（见 P119）来识别特殊原因变动的相关模式。

b) **控制图**：时间序列图还有经额外计算得到的特征，即中心线（平均数）和控制界限，表明预期的过程变动范围（通常是平均数 ±3 标准偏差）。还有一些比时间序列图更复杂的图，因为需要额外的计算。然而，它们能更好地检测几种特殊原因变动。

——不同的数据类型需要不同的公式计算中位线和控制界限。见 P122 如何选择合适的计算。

——使用**特殊原因变动的测试**（见 P131）识别与特殊原因

变动相关的模式。

变动概念回顾

变动是应用于产品、服务和过程中的差异的一种术语。有两种类型的变动：

1）常见原因——在过程中总是存在因素随机变化导致的变动。

- 只存在常见原因造成的变动的过程称作"可控制"（或"在统计控制之下"）。
- 虽然是随机的，在一个确定的范围内，变动将是稳定的和可预测的。
- 因为变动太多，一个"可控制"的过程仍然可能是不可接受的——意味着输出不能被客户接受和/或招致过高的内部成本。
- 减少常见原因变动的唯一方法是从根本上改变系统——重新设计过程，这样不同的混合因素将影响产出。

2）特殊原因（也称为"可指定的"原因变动）——超出常见原因变动之外的变动。产生这些变动的因素不总是出现在过程中。

- 每个过程都具有常见原因变动。一个同时也具有特殊原因变动的过程被称为"不受控"。
- 特殊原因变动不是随机的（也就是说，它产生可识别的模式）——但不能预测这种变动何时出现或有什么影响（所以是不稳定和无法预测的）。
- 通过追踪并消除特定的、可指定的根本原因，来减少特殊原因变动，当特殊原因变动出现时，寻找过程"有什么不同"。

注意，处理这两种类型的变动有不同的策略：为了减少常见原因变动，必须开发新的方法做日常工作；为了消除特殊原因变动，必须寻找过程中临时的或变化的东西，并找出办法防止其再对过程造成影响。

时间序列图（运行图）

目的

- 按其发生顺序显示数据点。
- 显示过程是否随时间变化。

何时使用时间序列图

- 绘制简单，即使手绘，与控制图相比需要较少的数据点，所以在该领域中经常使用，用于得到过程性能的直接认识（尽管如果能容易地获得用于数据分析的统计软件，可以立即得到控制图）。
- 使用一些基本准则而易于理解，因此用来检测产生数据的潜在过程的趋势和显著变化。

如何创建和使用时间序列图

1. 收集数据并确保过程中数据产生的顺序。
2. 在垂直（Y）轴上标记数据单元，在水平（X）轴上标记序列（1，2，3，…）或时间单位（3月11日，3月12日，3月13日，…）。
3. 在图上画点，然后把图上的各点按顺序连接起来。
   可选项：如果你做了一个柱状图或有理由相信数据服从正态分布（见P113），可以使用运行图（见P119）寻找特殊原因的模式。
4. 确定中位数（见P106），在图上这个值的位置处画一条线。
5. 计算不在中位数的点的数量。
6. 画圈然后计数运行数。
   - 一个"运行"被定义为连续的不与中位数线交叉的点的序列。
   - 在中位数线上的点不计入总点数
   - 如果不与中位数线相交，则中位数线上的点并不中断运行（见下面例子中的点 11～15）。

不在中位数线的点=16   运行=9

忽略在中位数线上的点

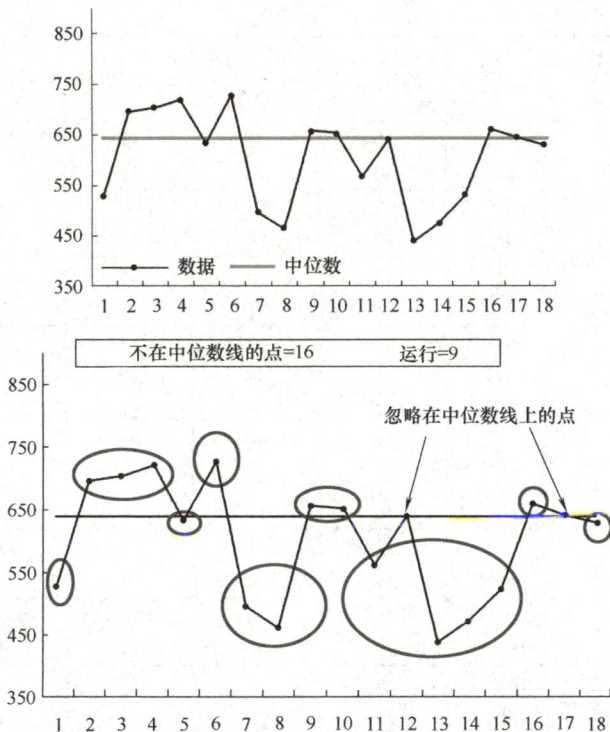

7. 使用运行图表（见下文）解释结果。

- 该表显示一系列运行，可以看看数据是否是随机的（只有常见原因变动），是否服从正态分布。
- 如果运行的数据大于或小于预期，在过程中可能有特殊原因变动或数据不是正态的。

——绘制直方图观察分布。

——在那些数据点采集的时间内，观察过程中有什么不同或改变，以发现特殊原因变动的来源

运行图表

不在中位数的点	运行下限	运行上限	不在中位数的点	运行下限	运行上限
10	3	8	34	12	23
11	3	9	35	19	23

（续）

不在中位数的点	运行下限	运行上限	不在中位数的点	运行下限	运行上限
12	3	10	36	13	23
13	4	10	37	13	25
14	4	11	38	14	25
15	4	12	39	14	26
16	6	12	40	15	26
17	5	13	41	16	26
18	6	13	42	16	27
19	6	14	43	17	27
20	6	14	44	17	28
21	7	15	45	17	29
22	7	16	46	17	30
23	8	16	47	18	30
24	8	17	48	18	31
25	9	17	49	19	31
26	9	18	50	19	32
27	9	19	60	24	37
28	10	19	70	28	43
29	10	20	80	33	48
30	11	20	90	37	54
31	11	21	100	42	59
32	11	22	110	46	65
33	11	22	120	48	70

控制图的基本知识

重点强调

- 控制图类似于运行图，按时间顺序显示测量数据。
- 额外的线可帮助识别特殊原因变动。
  - ——平均值（平均数）用于中心线（而不是用于运行图中的中位数）。
  - ——增加了控制界限，代表预期的变动范围。

——控制界限是约为 ± 3 标准偏差的平均值（在一组正态分布的数据中，99.7% 的点应位于控制界限之间）。

——控制界限不是规格界限。控制界限基于数据告诉人们一个过程实际上是怎样执行的；规格极限基于客户的要求告诉人们想要一个过程怎样执行。

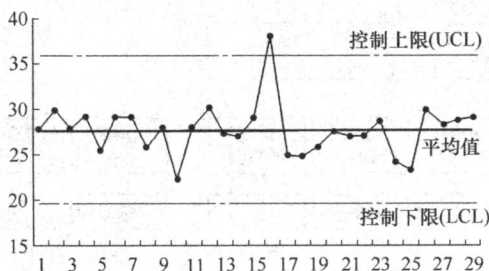

控制图的用途

- 建立一条测量基线。
- 检测特殊原因变动。
- 确保过程的稳定性和可预见性。
- 随着时间的推移监测过程。
- 确定过程改进活动的影响。

数据要求

- 至少连续 25 个子组，或最少 100 个连续观察。
- 必须按照时间顺序。

选择控制图

固定的机会：被采样的样本大小或单元是恒定的。

变化的机会：被采样的样本大小或单元是变化的。

如果你不确定你有什么类型的数据，见 P69。

下面是关于选择连续数据的控制图的更多细节，属性数据的控制图的选择请见 P127。

```
                    ┌─────────────┐
                    │  数据类型   │
                    └──────┬──────┘
            ┌──────────────┴──────────────┐
    ┌───────────────┐            ┌───────────────┐
    │  计数或分类   │            │     测量      │
    │ （属性数据）  │            │ （连续数据）  │
    └───────┬───────┘            └───────┬───────┘
      ┌─────┴─────┐                      │
  ┌───────┐  ┌───────┐                   │
  │ 计数  │  │ 分类  │                   │
  └───┬───┘  └───┬───┘                   │
  ┌───────┐  ┌───────┐                   │
  │缺陷(错误)│ │损坏的或不│                 │
  │或不合格的│ │合格的单元│                 │
  └───┬───┘  └───┬───┘                   │
```

固定的机会	可变的机会	固定的机会	可变的机会	子群的大小1	子群的大小<8~10	子群的大小>8~10
c图	u图	np图	p图	ImR	$\bar{X}-R$	$\bar{X}-S$

泊松分布　　　　　二项分布　　　　　正态分布/中心极限定理

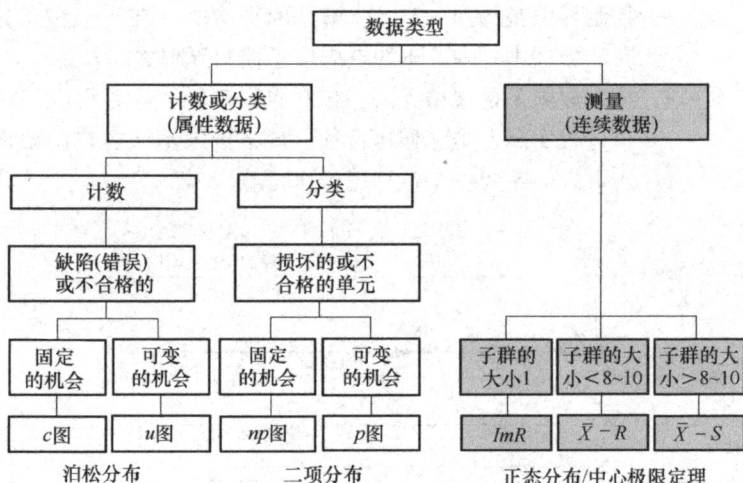

连续数据的控制图

　　在大多数情况下，将为一组连续数据创建两个图，第一个图显示实际的数据点或平均值，第二个图显示范围或标准偏差。为什么使用这两个图？

数据（I 或 $\bar{X}$）图

- 显示过程中平均值的变化。
- 是长期变动的一种可视化。
- 对于 一个$\bar{X}$图，关键问题是："子群的平均值之间的变动比所预测的在子群中的变动更大吗？"

范围（mR 或 R）图

- 反映短期变动。
- 使用 R 图与$\bar{X}$图描绘子群的数据范围，关键问题是："子群内的变动一致吗？"
- 在能够建立或使用 I 图或$\bar{X}$图之前，范围图必须是"可控制"的。

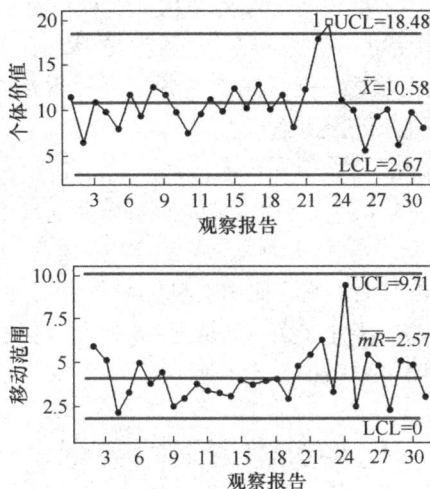

为连续数据选择控制图

ImR 图（个体，移动范围）

在第一张图上绘制个体数据（*I*），在第二张图上绘制移动范围（*mR*——每两个相邻点之间的差异）。在下列情况下，当最佳子群大小是 1 时，使用该图：

- 相对于过程变量（变动源）的变化频率来说，生产的单元数非常少（即低输出率）。
- 由于数据匮乏，没有选择。
- 过程随时间变化，需要监测。
- 抽样非常昂贵，或涉及破坏性试验。

当对连续数据进行评估的时候，以 *ImR* 图开始是一种不错的方法。可以快速地用手绘制出该图，然后将其用于构建不同的或更详细的图。

$\bar{X}$，*R* 图（$\bar{X}$-*R*，平均值 + 范围）

在一张图上绘制子群的平均值（$\bar{X}$），在另一张图上绘制子群内的范围（*R*）。$\bar{X}$-*R* 图与抽样计划一起用于监测重复过程。

- 子群大小通常是 3~9。测试者经常会选择 5。
- 所有的特殊原因测试（见 P133）都可以用这些图。
- $\bar{X}$ 图强调的是平均值的变化（"子群之间"或过程精度）。

● R 图检测"子群内"分布的变化（过程精度）。

$\overline{X}$-R 图是最常用的控制图，因为它采用中心极限定理（见 P114）规范化数据——意味着它并不受数据潜在分布的影响。它比 ImR 对过程的变化更敏感。

$\overline{X}$, S 图（$\overline{X}$-S，平均值 + 标准偏差）

绘制子群的平均值（$\overline{X}$）和子群的标准偏差（S）。除了当至少有 10 个样本以外（统计学家认为，只有当样本大小是 9 或更多时，标准偏差才是可靠的）时，它在使用上与 $\overline{X}$-R 图相似。更常见的情况是使用小样本（≤9），因此在大多数情况下 $\overline{X}$-R 图是更好的选择。

下面对 $\overline{X}$-R 图与 $\overline{X}$-S 图进行合理分组。

对连续数据进行分组

对于 $\overline{X}$-R 图与 $\overline{X}$-S 图，需要将采集的数据进行分组（称为子群），然后计算并绘制子群的平均值。合理分组是基于"逻辑的"分组标准或统计考虑的对数据分组的过程。

通常可以使用自然的断点来确定子群：

例：如果你一天轮换三班，每班采集一个数据点，计算三次数据点的平均值（你将每天画一个平均值）。

或者你想观察每班之间的不同，比如，每班采集五个数据点（你将每天画三个平均值，每班一个）。

如果数据不是正态分布的，应用中心极限定理（见 P114）和合理分组的指导原则，决定适当的子群大小。

子群大小的选择也可以被用来解决以下数据问题：

1) 趋势和模式——使用分组以"均化"由于逻辑分组或时间周期引起的特殊原因模式。

例如：

——可预测的不同注射模直径大小的不同，可以一次注射分成一组。

——可预测的三班产出的不同，可以每天分成一组。

——可预测的每天（周一～周五）来电数量的不同，可以每周分为一组。

2）**数据过多**——有时，有必要使用子群以减少绘制在图上的数据点的数量，这可以更容易发现趋势和其他类型的特殊原因变动。

小贴士

- 总是尝试将属性（离散型）数据转换成为连续数据，并使用 $\overline{X}\text{-}R$ 图或者 ImR 图。将属性数据转换为长度、面积、体积等。
- 对于很少出现的数据（如安全事故），使用事件之间的时间（连续测量），而不是二进制属性数据（是/否发生事故）。添加一个变量作为先导指标（如过错之间的天数）。

用于连续数据的控制界限公式

这些公式中的常数将随着子群大小的改变而改变（参见"控制图公式的因数"表）。

	个体 + 移动范围图（ImR 图）	
中心线	$\overline{X}$	$\overline{mR}$
	数据点平均值	移动范围的平均值
UCL	$\overline{X} + 2.66\,\overline{mR}$	$D_4\overline{R}$
LCL	$\overline{X} - 2.66\,\overline{mR}$	$D_3\overline{R}$
	子群平均值 + 范围（$\overline{X}\text{-}R$ 图）	
中心线	$\overline{\overline{X}}$	$\overline{R}$
	子群平均值的平均值	子群范围的平均值
UCL	$\overline{\overline{X}} + A_2\overline{R}$	$D_4\overline{R}$
LCL	$\overline{\overline{X}_2} - A_2\overline{R}$	$D_3\overline{R}$
	子群平均值 + 标准偏差（$\overline{X}\text{-}S$ 图）	
中心线	$\overline{\overline{X}}$	$\overline{S}$
	子群平均值的平均值	子群标准偏差的平均值
UCL	$\overline{\overline{X}} + A_3\overline{R}$	$B_4\overline{S}$
LCL	$\overline{\overline{X}} - A_3\overline{R}$	$D_3\overline{S}$

注：X、R 和 S 在学术上应该是小写字母，但（除统计书籍外）更经常用大写，所以这里使用约定用法。A、D 和 B 因数见下表。

控制图公式的因数

n	A_2	A_3	B_3	B_4	d_2	D_3	D_4
2	1.88	2.66	0.00	3.27	1.13	0.00	3.27
3	1.02	1.95	0.00	2.57	1.69	0.00	2.57
4	0.73	1.63	0.00	2.27	2.06	0.00	2.28
5	0.58	1.43	0.00	2.09	2.33	0.00	2.11
6	0.48	1.29	0.03	1.97	2.53	0.00	2.11
7	0.42	1.18	0.12	1.88	2.70	0.08	1.92
8	0.37	1.10	0.19	1.82	2.85	0.14	1.86
9	0.34	1.03	0.24	1.76	2.97	0.18	1.82
10	0.31	0.98	0.28	1.72	3.08	0.22	1.78
11	0.29	0.93	0.32	1.68	3.17	0.26	1.74
12	0.27	0.89	0.35	1.65	3.26	0.28	1.72
13	0.25	0.85	0.38	1.62	3.34	0.31	1.69
14	0.24	0.82	0.41	1.59	3.41	0.33	1.67
15	0.22	0.79	0.43	1.57	3.47	0.35	1.65
16	0.21	0.76	0.45	1.55	3.53	0.36	1.64
17	0.20	0.74	0.47	1.53	3.59	0.38	1.62
18	0.19	0.72	0.48	1.52	3.64	0.39	1.61
19	0.19	0.70	0.50	1.50	3.69	0.40	1.60
20	0.18	0.68	0.51	1.49	3.74	0.42	1.59

创建 *ImR* 图

1. 确定抽样计划。
2. 在每个指定时间或生产间隔抽取一个样本。

3. 计算样本的移动范围。

- 为了计算每个移动范围，从前一个测量结果中减去当前测量结果。
  - ——例如：从观察结果 1 中减去观察结果 2，或从观察结果 14 中减去观察结果 15。
  - ——把所有范围值看作正数，即使差值是负的（例如：10 − 15 = − 5，但是范围值记为 +5）。
- 在表中，第一次观察结果将没有移动范围（因为其之前没有数据）。

4. 绘制出数据（在一个图上是原始数据，在另一个图上是移动范围）。

5. 经过 20 组或更多组的测量，计算移动范围图的控制界限。

6. 如果范围图是不可控的，就采取适当的行动。

7. 如果范围图是可控的，计算个体图的控制界限。

8. 如果个体图是不可控的，采取适当的行动。

创建 $\bar{X}$-R 图或 $\bar{X}$-S 图

1. 确定一个合适的子群大小和抽样计划。

2. 在特定的时间或生产间隔中采集样本。

3. 计算每个子群的平均值和范围（或标准偏差）。

4. 利用数据绘制图。子群平均值绘制一个图，子群范围或标准偏差绘制成另一个图。

5. 经过 20 组或更多组的测量，计算范围图的控制界限。

6. 如果范围图是不可控的，采取适当的行动。

7. 如果范围图是可控的，计算 $\bar{X}$ 图的控制界限

8. 如果 $\bar{X}$ 图是不可控的，采取适当的行动。

用于属性数据的控制图

- 回顾 P69 上数据类型的定义。
- 属性控制图与变量控制图相似，除了属性控制图是设定绘制

比例或计数，而不是进行可变测量。

- 属性控制图只有一个随时间变化的比例或计数的图（没有连续数据的范围图或标准偏差图）。

二项数据

当数据点只能是两个值之一时——如把一个产品或服务与某一项标准进行比较，并将其归类为可接受的或不可接受的（通过/失败），它被称为二项数据。对二项数据使用以下控制图：

p 图：对每个子群的缺陷比例进行绘图。

np 图：对每个子群的缺陷数量进行绘图（每次必须有相同的样本大小）。

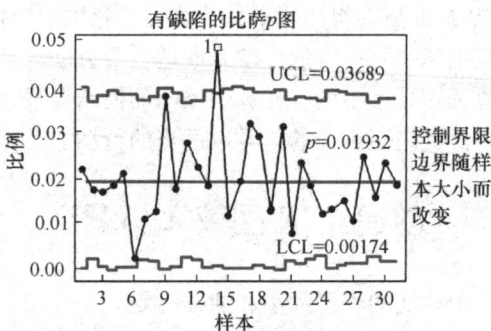

注意控制界限如何随子群大小的改变而改变（p 图具有可变的子群大小）。

p 图通常用于交易情况：计费错误、有缺陷的贷款、发票比例错误、有缺陷的客房服务订单、销售订单数据等。

泊松数据

用一个泊松分布描述计数，可以很容易地计算发生的数目（例如，表格上的错误、车上的凹痕），而不是没有发生的数目（没有像"非凹痕"这样的东西）。以下图用于此类数据：

c 图：绘制每个样本的缺陷数（每次必须具有相同的样本大小）。

u 图：绘制每个抽样单元的缺陷数（使用比例，如果样本大小不同也可以）。

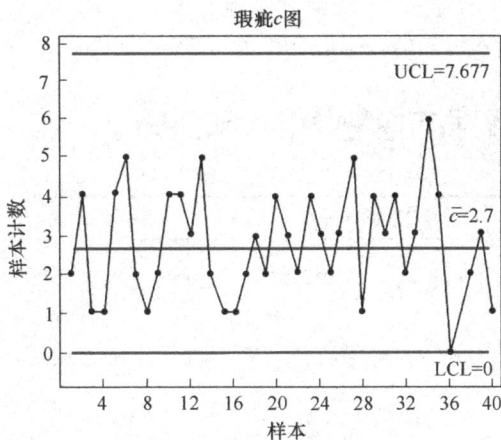

瑕疵c图

"瑕疵数"是泊松数据的一个例子——可以对瑕疵进行计数,但却不能对非瑕疵计数。并且,瑕疵的数目相对于整个面积来讲较少(例如,一辆车上有2处凹痕,相对于没有凹痕的部分来说数目较少)。根据其样本大小是否变化,将泊松数据绘制在c图或者u图上。

如果样本大小一直是一样的（样本大小 10% 的变化是可以的），使用 c 图；如果样本大小是变化的，使用 u 图。

将属性数据转换成连续数据的方法

在一般情况下，连续数据比属性数据包含更多的信息，因此数据连续控制图是首选的。不同情况下，可用于属性数据的图如下：

情况	可能的解决方案
非经常性失效	在 ImR 图上绘制失效之间的时间
相似的子群大小	在 ImR 图上绘制失效率

创建 p 图、np 图、c 图和 u 图

当绘制连续的数据时，通常创建两个图，一个数据图和一个范围图（ImR 图、$\bar{X}$-R 图等）。相反，属性数据只使用计数或百分比图。

1. 确定一个合适的抽样计划。
2. 收集样本数据：在每一个特定的时间间隔获取一组读数。
3. 计算相关度量值（n，np，c 或 u）。
4. 计算适当的中心线。
5. 绘制图。

6. 在 20 个或更多的测量之后，计算控制界限。

7. 如果图表明是不可控的，采取适当的行动。

属性数据的控制界限计算公式

图表类型	中心线	控制上限	控制下限
p	$\bar{p}$	$UCL = \bar{p} + 3\sqrt{\dfrac{\bar{p}(1-\bar{p})}{n}}$	$LCL = \bar{p} - 3\sqrt{\dfrac{\bar{p}(1-\bar{p})}{n}}$
np	$\overline{np}$	$UCL = \overline{np} + 3\sqrt{n\,\bar{p}(1-\bar{p})}$	$LCL = n\bar{p} - 3\sqrt{n\,\bar{p}(1-\bar{p})}$
c	$\bar{c}$	$UCL = \bar{c} + 3\sqrt{\bar{c}}$	$LCL = \bar{c} - 3\sqrt{\bar{c}}$
u	$\bar{u}$ $\bar{u} - c/n$	$UCL = \bar{u} + 3\sqrt{\bar{u}/n}$	$LCL = \bar{u} - 3\sqrt{\bar{u}/n}$

对控制图进行解释的假设

下面介绍的"特殊原因的测试"假设数据符合正态分布（见 P114）：

- 控制界限为距离平均值 ±3 标准偏差——计算标准偏差时假定正态分布。
- 如果所绘制的点不是正态分布的，控制界限不能用于检测不可控的种情况，例如界外值。
  - ——为了解决此问题，使用中心极限定理（见 P114）来确定子群样本大小是多少，这样才可以绘制正态分布的数据平均值。

所有的特殊原因测试都假设你有的数据是独立观察得到的。

- 独立意味着任何数据点的值不会被任何其他数据点的值所影响。
- 如果数据不是独立的，数据值将不会是随机的。
- 这意味着确定特殊原因变动的规则不能被应用（因为它们基于统计概率规则）。

解释控制图（特殊原因变动测试）

许多这些测试涉及"区域"，这些区域划分出距离平均值的标准偏差。C 区是 ±1 标准偏差；B 区在 1 和 2 标准偏差之间；A 区在 2 和 3 标准偏差之间。

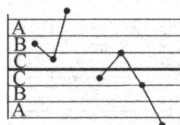

1 个点超出 A 区：检测平均值的变化、标准偏差的增加或过程的单个误差。检查 R 图以排除变动的增加。

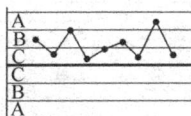

9 个点排成一行在平均值的一侧，在 C 区内或之外：检测过程中平均值的偏移。

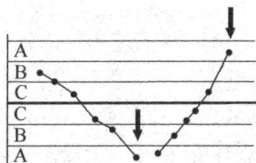

6 个点排成一行稳定地增加或减少：检测过程中平均值的趋势或偏移。在第一次测试之前通过这种测试发现小趋势。

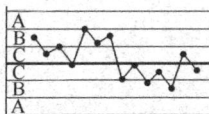

14 个点排成一行交替上升和下降：检测系统的影响，例如，两

个交替使用的机器、供应商或操作者。

3 个点中的 2 个在 A 区内或之外：检测过程中平均值的改变或标准偏差的增加。任意 3 个点中的 2 个可提供一项正检验。

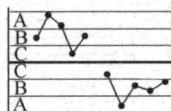

5 个点中的 4 个在 B 区内或之外：检测过程中平均值的偏移。任意 5 个点中的 4 个可提供一项正检验。

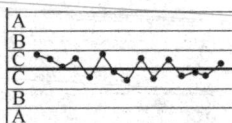

15 个点排成一行在 C 区中，在中心线的上下：检测子群的分层——当对子群的观察来自具有不同平均值的来源时。

8 个点排成一行在中心线两侧，但不在 C 区内：检测子群的分层——当一个对子群的观察来自单一来源，但是不同子群来自具有不同平均值的来源时。

过程能力计算的背景

目的

将过程实际的变动（过程的声音）与其允许变动极限（客户的声音）进行比较：

- 过程的声音反映在控制界限中。
- 客户的声音反映在过程规范中。

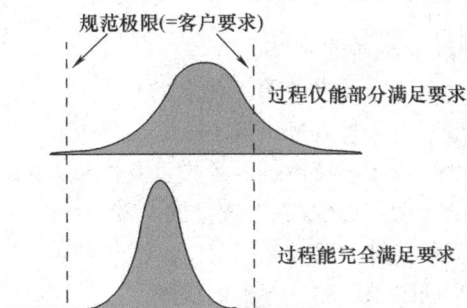

规范极限(=客户要求)

过程仅能部分满足要求

过程能完全满足要求

当前值落在规范极限内的比例告诉人们过程是否能够满足客户的期望。

何时使用过程能力计算

可用于任何已建立规范的过程，无论是制造过程或交易过程，并且该过程有一个能力测量系统。特别是在制造和工程领域：

- 用于新设备，作为质量评定和认可过程的一部分。
- 用于已有过程以建立当前操作的基线。
- 在广泛部署之前，用于试点过程，以证明实际性能达到或超过所需的性能。
- 对设备的磨损以及由于各种原因（材料、人员、环境等）的过程退化，定期进行监测。

在服务方面：

- 在广泛部署之前，用于试点过程，以证明实际性能达到或超过所需的性能。
- 定期检查以确保性能标准得到维持，或强调加强现有性能标准的需要。
- 外部或内部因素发生变化的任何时候，证明过程仍然能够提供优质、及时的服务。

小贴士

- 因为能力指数是"无单位的"（与像 in、min 等单位不相关的），可以使用能力统计比较不同过程的能力。

能力分析的前期工作

当开始测量/监控参数时总要：
- 校准测量系统（除非是最近建立的）。
- 进行测量系统分析（MSA）。
  - ——见 P87 用于连续数据的量具重复性和再现性。
  - ——见 P99 用于离散/属性数据的 MSA。
- 确保过程是统计上可控制的。
- 确定客户的要求以建立规范的极限。
- 能力分析要求与控制图相同：
  - ——至少连续 25 个子群（代表至少 100 个观察值）或单独的数据点。
  - ——必须按照时间序列。

短期与长期过程能力计算的困惑

任何过程从长期来看经历的变动都要多于短期内经历的，所以"能力"取决于在短时期内（一天、一周）收集数据或用更长的时间（几个月或几年）。

- 为了实用的目的，"长期"是指数据收集已经有一个足够长的时期，你相信你已经看到了 80% 的过程变动。

除了如何计算标准偏差之外，计算短期和长期能力的方程和基本概念是相同的：

- 在 C 指标中，标准偏差的计算来自子群，因此代表短期变动（即 C 指标代表短期能力）。
- 在 P 指标中，标准偏差的计算来自所有的数据，因此代表长期变动，P 指标代表长期能力。

注意：许多公司计算过程能力的统计数据使用长期变动，但使用"C"标签；其他公司对于区分长期和短期的变动则很仔细。与数据专家一起检查你的公司中所遵循的标准。

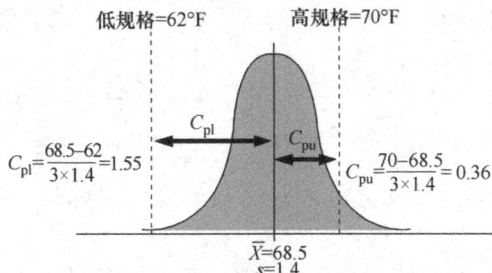

低规格=62°F　高规格=70°F

$C_{pl}=\dfrac{68.5-62}{3\times1.4}=1.55$

$C_{pu}=\dfrac{70-68.5}{3\times1.4}=0.36$

$\bar{X}=68.5$
$s=1.4$

计算过程能力

注意：这里的计算是连续的正态数据。对属性数据的能力分析请参考任意好的统计教材。

选择：C_p 与 C_{pk}（或 "P" 版本）

- C_p 和 P_p 的计算代表过程输出与期望极限之间的总体比较。这些计算基于相对于规范的全部变动范围（它们不把性能与某一个平均值进行比较），所以最好在以下情况使用：
  - ——平均值可以方便地进行调整（如交易过程中，资源可以很容易地增加而不会或轻微影响质量）。
  - ——平均值是被监测的（所以过程所有者将知道什么时候有必要进行调整——做控制图是监测的一种方法）。
- C_{pk} 和 P_{pk} 的计算建立在变动分别与规范上限和下限比较的基础之上，计算包括平均值，所以最好用于平均值不易调整的情况。
  - ——对于过程改进，将最有可能使用 P_{pk}，因为它是随着时间发展，客户所经历的最具代表性的指标。
  - ——C_{pl} 和 C_{pu}（以及 P 版本）是确定 C_{pk} 的中间步骤。

计算并解释 C_p 和 P_p

$$C_p \text{ 或 } P_p = \frac{\text{允许的变动（规范或要求）}}{\text{过程的正常变动}}$$

$$正常变动（短期\ C\ 指标） = \frac{\overline{R}}{d_2}（d_2\ 来自\ P126\ 的表）$$

$$正常变动（长期\ P\ 指标） = s = \sqrt{\frac{\sum_{i=1}^{n}(X_i - \overline{X})^2}{n-1}}$$

C_p 和 P_p 是规范所允许的总变动与过程实际测得的总变动的比率。

- 除"正常变动"是从长期的过程变动的计算得到的外，P_p 的公式是相同的。
- 如果 $C_p < 1$，则过程的变动性大于规范要求的范围大小。
- C_p 的典型目标是大于 1.33（对于关键任务/安全项目为大于 1.67）。

计算并解释 C_{pk} 和 P_{pk}

$$C_{pk} = Min\left[\frac{USL - \overline{X}}{3\sigma} 或 \frac{\overline{X} - LSL}{3\sigma}\right]$$

当一个过程同时有一个规范上限和下限时，C_{pk} 是 C_{pu} 和 C_{pl} 中较小的那个（P 版本相同）。

- C_{pl} 或 P_{pl} = 当只有一个规范下限时表示能力（例如，冷冻馅饼中的鸡肉的量不能少于 1oz）
- C_{pu} 或 P_{pu} = 当只有一个规范上限时表示能力（例如，前置时间不能超过 24h）。
- 计算这两个值，并记录较小的值。
- 能力指数的典型目标是大于 1.33（如果与安全相关，为大于 1.67）。
- 给小于 1 的性能指标参数最高优先级（想根据规范对过程进行对中，减少变动，或两者都有）。
  ——如果产品/过程是成熟的，并且没有客户问题，看看定义的公差是否可以改变，即——如果一个"事实上的"规范从前已被使用过，建立另一个正式规范的需求是什么？
  ——可能需要进行 100% 检验、测量和分选，直到过程得到改进。

小贴士

- 首先检查短期能力。如果不能接受，实施修复；如果可接受，则进行长期能力分析（毕竟客户经历的是过程的长期能力）。

  ——研究变动的来源并尽最大努力识别每种变动可能出现的频繁程度。

  ———旦确定很可能至少有 80% 的变动已被发现，计算过程能力。

- 检查什么真的发生在工作场所，看看是否有不成文的规范被人们用于补充或代替已文件化的规范。当人们使用不成文的规范可能导致错误的结论时，根据成文的规范评估结果。

第 8 章

识别和验证原因

使用这些工具的目的

这些工具增加了识别问题真正根源的机会，进而能更有针对性地进行改进。在本章，这些工具分为两大类：

a） 识别潜在原因的工具（见下面的内容）是对观察问题的原因激发创造性思维的技术。其重点在于对过程运行进行广泛的思考。

b） 验证潜在原因的工具（从 P147 开始）则与此恰恰相反。这里的重点在于用严格的数据分析或特定的统计测试来验证是否存在因果关系，以及这种关系的强弱。

A 部分　识别潜在原因

使用这些工具的目的

在试图为你的数据模式寻找合理解释时，帮助你考虑广泛存在的潜在原因。

它们会在以下两方面帮助你：

● 提出关键的 X——对一些因素（X）提出观点（假设），这有助于解决目标过程、生产或服务的问题。

● 区分关键 X 的优先级——找出最有可能的原因以做进一步的调查。一定要利用 B 部分中的工具来验证疑似的 X。

决定使用何种工具

这里涵盖了两种类型用于识别潜在原因的工具：

- 数据显示：在本书中其他地方介绍的许多基本工具（时间序列图、控制图、柱状图等）可能会激发你思考潜在的因素。你的团队应该简单地审视这些来自你的调查工作所创建的图表。这里有一个附加工具：

  ——排列图（见下文）：专门的条形图（柱状图）帮助你专注于"重要的少数"问题来源。然后，可以把你识别原因的努力专注于你的努力将产生最大影响的区域。

- 面向原因的头脑风暴法工具：以下三个工具就是头脑风暴法的变种。

  ——5个"Why"（为什么）（见P143）：一项用于推动你对一个潜在因素到根源层次进行思考的基本技术，非常快速而且有针对性。

  ——鱼骨图（因果图或石川图，见P143）：一种可以帮助你安排和组织许多潜在因素的数据的格式，鼓励广泛的思考。

  ——因果（C&E）矩阵（见P145）：迫使你去思考具体的过程输入如何影响输出（以及输出与客户需求有怎样的联系）的表。它在功能上类似于鱼骨图，但能更有针对性地展示输入和输出的联系。

排列图（帕累托图）

重点强调

- 排列图是条形图的一种类型，其横轴代表类别而不是一个连续的数值。

  ——这种类别往往是一些缺陷、错误或缺陷/错误的来源（原因）。

- 条形的高度可以代表错误/缺陷的数量或百分比，或其延误、返工、成本等方面的影响。

- 通过将条形（柱状）从大到小排序，排列图可以帮助确定哪些类别如果被解决了将产生最大的收益，哪些对问题贡献不大。

创建排列图

1. 收集问题不同类型或类别的数据。

2. 将分数制成表，确定观察问题的总数和/或总的影响，并确定每个类别的数量和影响。
   - 如果有很多小的或罕见的问题，考虑将其作为"其他"类别。

3. 根据频率或影响水平对问题进行分类。

4. 画一个垂直轴，并根据观察到的总数划分成增量。
   - 在这里的例子中，问题的总数是 42 个，所以左边的垂直轴的最大数值是 42。
   - 人们经常错误地将垂直轴仅仅设置成和最高条形一样高，过分强调最高条形的重要性，导致得出错误的结论。

5. 对每个类别画出条形，从最大的开始画下去。
   - "其他"类别总是放在最后，即使它不是最短的条形。

6. 可选项：添加累积百分比线。（将原始计数转换成总数的百分比，然后在右侧画一个垂直轴表示百分比。在第一个条形之上画一个点来代表百分比，然后在第二个条形上画点，代表组合的百分比，同理画完所有点，最后连接各个点。）

7. 解释这些结果（见 P141）。

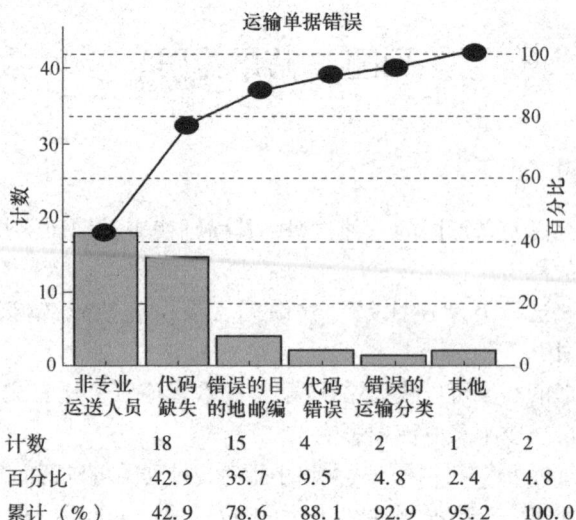

运输单据错误

	非专业运送人员	代码缺失	错误的目的地邮编	代码错误	错误的运输分类	其他
计数	18	15	4	2	1	2
百分比	42.9	35.7	9.5	4.8	2.4	4.8
累计（%）	42.9	78.6	88.1	92.9	95.2	100.0

解释排列图（帕累托图）

1. 清晰的帕累托效应

- 该模式表明，少数几个类别的问题就占了大多数的事件或影响。
- 将你的改进努力专注于那些类别。

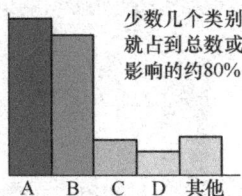

少数几个类别
就占到总数或
影响的约80%

A　B　C　D　其他

2. 没有帕累托效应

- 该模式表明，任何一个你发现的原因都不比其他原因更重要。
  - ——使用计数或百分比方法，通过计算影响，例如"修理成本"或"修理时间"，转换为一个"影响"排列图。
  - ——该模式只通过计数或百分比显示的影响，往往并不明显。

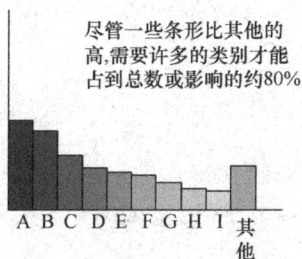

尽管一些条形比其他的
高,需要许多的类别才能
占到总数或影响的约80%

A B C D E F G H I 其他

- 重新审视鱼骨图或列出潜在原因，然后：
  - ——考虑哪些因素会导致所有已经识别的潜在原因。
  - ——考虑其他可能没有考虑到的分层因素；如果需要，收集额外的数据，并基于新的分层因素创建另一个排列图。

小贴士

- 发生频率最高的问题对质量、时间或成本的影响可能不是最大的。在可能的情况下，可以利用一组数据构造两个排列图，一个采用计数或频率数据，另一个采用影响数据（解决问题所需的时间、成本的影响等）。可能最终针对的还是发生频率最高的问题和带来最大影响的问题。

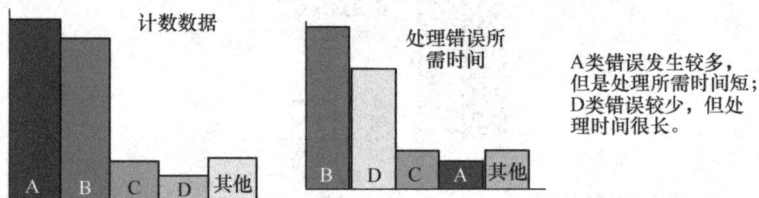

计数数据

处理错误所需时间

A类错误发生较多，但是处理所需时间短；D类错误较少，但处理时间很长。

5 个 "Why"

重点强调

- 激励人们思考根源的方法。
- 防止一个团队仅满足于肤浅的解决方案，从长远来看，不能解决问题。

使用 5 个 "Why"

1. 选择任何一个原因（来自因果图，或排列图中高的条形）。确保每个人对该原因意味着什么有一个共同理解。（1 "Why"）

2. 询问"为什么发生这样的结果"。（2 "Why"）

3. 为 2 "Why" 选择一个原因，并询问"为什么那会发生"。（3 "Why"）

4. 继续这样下去，直到感觉已经找到了一个潜在的根本原因。

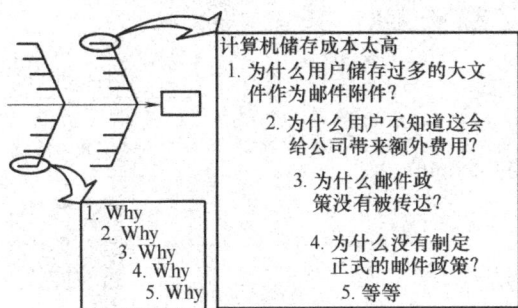

计算机储存成本太高
1. 为什么用户储存过多的大文件为邮件附件?
　2. 为什么用户不知道这会给公司带来额外费用?
　　3. 为什么邮件政策没有被传达?
　　　4. 为什么没有制定正式的邮件政策?
　　　　5. 等等

1. Why
　2. Why
　　3. Why
　　　4. Why
　　　　5. Why

小贴士

- 至于为什么是 5 个"Why",并没有什么神秘的。有时你可能通过两三个"Why"就会得到一个根源;有时你可能不得不用 5 个以上"Why"才能得到。
- 每当得到了团队可以采取行动的潜在原因,就可以停止了。

例如:"为什么我们交货晚了?"因为复印机堵塞。"为什么复印机堵塞?"因为在复印室湿度过高。"为什么湿度高引起堵塞?"因为纸吸收湿气并粘在一起。

(如果你不能解决关于纸吸收湿气的问题,那么,回去解决复印室湿度过高的问题——"我们怎样才能控制或降低复印室的湿度?")

因果图（鱼骨图或石川图）

目的

- 帮助团队通过表面症状来揭示潜在的根本原因。
- 提供结构以引导原因识别工作。
- 确保通过头脑风暴法产生一个平衡的意见列表,或可能的主要原因不被忽视。

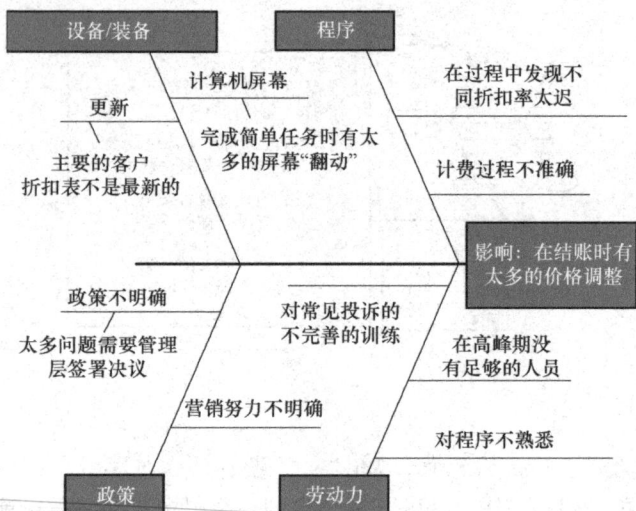

何时使用因果图

- 一旦有了对问题的集中的定义（可能发生在分析阶段或改进阶段），最好用于原因识别。
- 还可以用作原因预防工具，通过头脑风暴方式来维持或防止未来的问题（包括改进阶段或控制阶段的规划工作）。

如何创建和使用因果图

1. 对问题或感兴趣的影响命名，尽可能具体。
   - 把问题写在鱼骨图"骨架"的头部。
2. 确定原因的主要类别，然后在活动挂板或白板创建基本的图。
   - 典型类别包括 6Ms：人力资源（Manpower，人员）、机器（Machines）、材料（Materials）、方法（Methods）、测量（Measurement）和自然的力量（Mother Nature，或环境）。
3. 对更详细的原因进行头脑风暴并创建图表。
   - 选项 1：研究每个类别，对潜在原因进行头脑风暴，并询问每个主要原因"为什么"发生。 （见 P142 的 5 个 "Why"）。

- 选项2：沉思或进行头脑风暴（人们可以按照任何顺序提出想法）。
- 在便利贴上写下建议，并排列在鱼骨图上，把每个想法放置在适当的类别下。

4. 检查图的完整性。
- 消除不适用的原因。
- 对包含较少条目的类别，通过头脑风暴法获得更多想法（这将帮助避免有时可能限制创造力的"群体思维"效应）。

5. 讨论最终的图，识别你认为对于后续调查最重要的原因。
- 可以依靠人的直觉或经验（仍需要在采取行动之前收集数据）。
- 标记出你计划调查的原因。（这将帮助了解团队决策，并向赞助者或其他顾问解释）。

6. 为确认潜在原因是实际原因而制订计划。直到你已经确认了原因，再产生行动计划。

因果（C&E）矩阵

目的

识别少数几个关键的过程输入变量，它们必须得到解决，以改进关键的过程输出变量。

何时使用因果矩阵

- 其目的类似于鱼骨图，但可以使你看到各种输入和输出对客户优先级排名的影响。
- 在测量阶段使用，为考虑进行数据收集的输入设定优先级。
- 在改进阶段使用，指出改进工作的重点。

	咖啡温度	味道	浓度	过程输出
重要性	8	10	6	
过程步骤 / 过程输入	输入与输出的关联			总计
				0
清洗瓶子	［空白］	3	1	36
在瓶里装满水		9	9	144
把水倒入咖啡壶中		1	1	16
将过滤器放入咖啡壶中		3	1	36

如何创建因果矩阵

1. 从过程图或客户的声音（VOC）研究中识别关键的客户需求（输出）（数量应该不多，如 5 个或更少的输出），在矩阵顶部列出输出。
2. 根据对客户的重要性，给每个输出分配一个优先级分数。
   - 通常在 1 ~ 10 的范围，其中 10 是最重要的。
   - 如果可用，审查现有的客户调查或其他客户的数据，以确保分数能反映客户需求和优先级。
3. 从过程图识别所有的过程步骤和关键输入，列在矩阵的列中。
4. 基于两者关系的强度，来判断每个输入对每个输出的影响。
   空白 = 不相关   1 = 弱相关
   3 = 中等相关   9 = 强相关

小贴士：至少 50% ~60% 的单元格应该是空白的。如果有太多单元格被填上数值，很可能强加了不存在的关系。

5. 将关联分数和优先级分数交叉相乘，然后对每一个输入乘积累加。
   例：清洗瓶子 = $(3 \times 10) + (1 \times 6) = 30 + 6 = 36$
6. 创建一个排列图，关注那些具有最高总分的变量关系，尤其要关注那些具有公认的绩效差距（不足）的关系。

B 部分　确认因果效应和结果

使用这些工具的目的

确认一个潜在原因是否导致某一问题。本节中介绍的工具将帮助确定因果关系和量化影响的大小。

决定使用何种工具

通常在早期阶段的改进，这些问题是如此明显或引人注目，因而你不需要复杂的工具来验证它们的影响。在这种情况下，试着通过创建分层数据图（见 P148）或原因变量与感兴趣的结果的散布图（见 P151）来确定影响，或通过测试快速修复/显而易见的解决方案（看看如果删除或改变潜在的原因将会发生什么，见 P149）。

然而，有些时候需要更加严格、精确或复杂的工具。例如：

- 基本假设检验原理和技术（见 P153）。基本的统计计算用于决定两个值是否在一定概率范围内在统计上是不同的。
- 具体因果（假设）测试技术。选择部分取决于你有什么样的数据（见下表）。

相关变量 Y

		连　续	属　性
独立变量（X）	连续	回归分析 （P167）	逻辑回归分析 （本书不包含）
	属性	方差分析 （P173）	卡方（χ^2）检验 （P182）

- 试验设计（见 P180～190），一门计划试验的学科，允许对多个潜在原因进行研究。任何时候只要有一定数量的可能影响感兴趣的结果的因素，或当你怀疑不同的因素之间存在相互作用时，这是一个很好的选择。

分层数据图

重点强调

- 用于可视化显示数据点来源的简单技术。
- 能发现可以缩小改进焦点和/或指向潜在原因的模式。

使用分层数据图

1. 在收集数据前，识别你认为可能影响问题的结果或发生频率的因素。
   - 典型的因素包括：工作轮班、供应商、日期时间、客户类型、订单类型。详见 P74 分层因素。
2. 在收集基本数据的同时收集分层信息。
3. 在分析过程中，在图上可视化地区分"层"或类别（见例子）。

选项1：对每个层次创建不同的图表

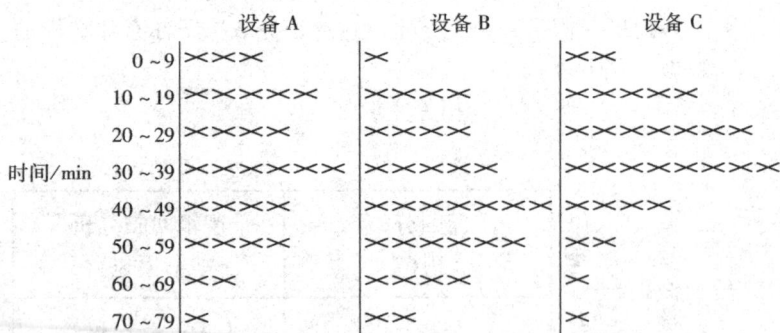

时间/min	设备 A	设备 B	设备 C
0 ~ 9	×××	×	××
10 ~ 19	××××××	××××	×××××
20 ~ 29	××××	×××	××××××
30 ~ 39	×××××××	×××××	×××××××
40 ~ 49	×××××	××××××	×××××××
50 ~ 59	××××××	××××××	××
60 ~ 69	××	××××	×
70 ~ 79	×	××	×

这些分层点图显示了在三个位置上前置时间的差异。你需要使用假设检验去发现这些差异在统计学上是否重要。

选项2：对不同层使用颜色代码或符号

这个图使用符号来表现来自不同的团队的人们之间的差异。对于团队 D，培训似乎已见成效（所有的最优秀员工在图的右上角）；团队 C 有受到很少培训的最优秀员工（他们在图的右下角）。

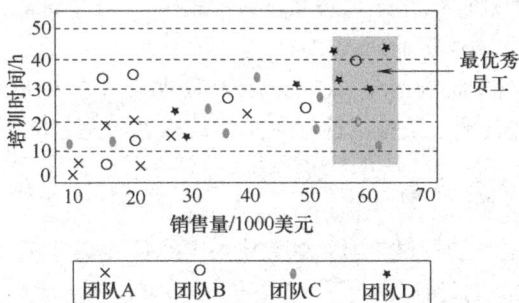

<table>
<tr><td>×
团队A</td><td>○
团队B</td><td>●
团队C</td><td>★
团队D</td></tr>
</table>

测试快速修复或显而易见的解决方案

目的

- 确认因果关系以及防止源于明显的"快速修复"的意料之外的问题。

为何测试快速修复

- 你的团队可能偶然发现你所想的是快速修复或显而易见的解决方案。一方面,你不想详尽地测试随之而来每一个想法(这样做会延迟从好的想法中获益);但是,你也不想陷入没有任何计划的改变(这就是为什么如此多的"解决方案"无助于减少或消除诸多的问题)。测试快速修复/显而易见的解决方案提供了某种体系来帮助你利用好的想法,同时将风险最小化。

何时测试快速修复

- 只有当试验性的改变可以安全地实施时:
  ——对工作场所或顾客不造成或最小限度的中断。
  ——不能令有缺陷的输出传达到客户。
  ——相对快速的反馈回路(所以可以迅速判断改变的影响)。
- 在有限的情况下,不进行改变难以或不可能验证可疑原因。
  例:改变工作申请表以查看一个新设计是否减少了错误的数

量。（这很难验证"表格设计"是一个因果要素，除非你测试了几种可选的形式。）

例：改变材料标签以检查能否减少交叉污染或混合错误。（通过其他方法难以验证"拙劣的标签"是一个原因。）

如何测试快速修复

1. 确认你想进行试验的潜在原因，记录对过程输出的预期影响。
2. 为试验制订计划：
   - 你将改变什么？
   - 你将测量什么数据来评估对结果的影响？
   - 谁将收集数据？
   - 这项试验将运行多久？
   - 谁将参与（哪些团队成员、过程人员、工作区域、工作项目类型等）？
   - 如何确保最小限度地中断工作场所，而且客户也不会感受到试验的任何影响？
3. 将你的计划提交给过程所有者，并得到批准进行试验。
4. 培训数据收集者。提醒过程人员即将开始的试验，让他们尽可能参与。
5. 进行试验，收集数据。
6. 分析结果，并为下面的步骤制订计划：
   - 你是否按计划进行试验？
   - 过程改变产生所期望的对结果的影响了吗？问题减少或消除了吗？
   - 如果问题减少了，为尝试进行更大规模的改变制订计划（见 P268 试点测试）。

小贴士

- 注意：测试快速修复类似于作一个试点测试，除了目的是证实一种因果关系，本质上，你不是在提出一个解决方案——你在通过快速测试来观察是否已经发现了一个起作用的原因。如果测试显示出一种影响，采用正规的程序继续计划和测试全面实施。

- 注意：不要将这种测试与经常发生在工作场所的无计划的改变混淆。你需要用试验的意识去进行快速修复：预测你期望看到什么变化，明确地计划改变什么，知道你将收集哪些数据去测量影响，等等。

- 在试验前，设想你有结果在手，并确定需要什么类型的分析（确定你会得到分析所需的数据类型）。

散 布 图

重点强调

- 该图显示两个因素或变量的关系（相关性）。
- 让你看到数据中的模式。
- 帮助你支持或反驳针对数据的意见。
- 帮助创建或改进的假设。
- 预测在其他情形下的影响。
- 散布的宽度或紧密性反映关系的强弱。
- 警告：看到一个模式中有关系，并不能保证在变量之间有因果关系（见 P162）。

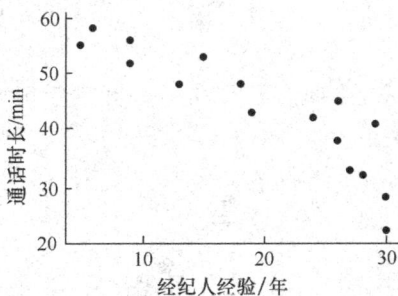

使用散布图

1. 收集成对的数据。

创建一个散布图，你必须对每个观察点或项目有两个测量值。

　　——例：在上面的图中，团队需要知道通话时长和经纪人经验，来决定每个点应该画在图上的什么位置。

2. 为图上坐标轴的绘制确定适当的测量方法和增量。

　　——在水平 X 轴上，给可疑的原因（输入）标记单位。

　　——在垂直 Y 轴上，给输出（Y）标记单位。

3. 在图上绘制点。

解释散布图模式

无模式。数据点在图上随机分布。

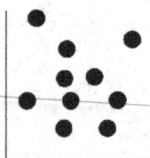

正相关（线从左下角向右上角倾斜）。一个变量较大的值与另一个变量较大的值相关。

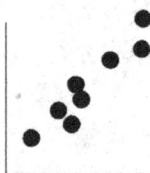

负相关（线从左上向右下倾斜）。一个变量较大的值与另一个变量较小的值相关。

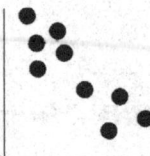

复杂模式。其通常发生在当另外的因素在起作用时，它们与其中一个因素交互作用。多元回归或试验设计可以帮助你发现这些模式的来源。

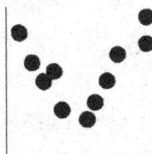

小贴士

- 使用 SIPOC 图（见 P37）来识别 X 和 Y。
- 按照惯例，散点图是用来比较一个自变量（X）（放在水平轴上）和一个因（Y）变量（在垂直轴上）。但有时，你可能想要比较两个输入变量（X）或两个输出变量（Y）。在这些情况下，变量在水平轴上或垂直轴上都没关系。

假设检验概述

重点强调

- 假设检验是统计学的一个分支，具体决定一个特定值是否包含在一个适当的范围（置信区间）中。
- 值是否在或超过置信区间决定了你是否断定两件事是相同的或不同的。
- 假设检验一个常见的应用是判断两个平均值是否相等。
  ——因为存在变动，没有两个数据集会是完全相同的，即使它们来自同一种群。
  ——假设检验会告诉你，你所观察到的差异可能来自底层种群或随机变动。

假设检验的术语和概念

- 零假设（H_0）是一个用于检验以确定是否为真的命题。它通常表示为一个方程，例如：

$$H_0: \mu_1 = \mu_2 \quad \text{或} \quad H_0: \mu_1 - \mu_2 = 0$$

  ——其含义是零假设意味着两组数据的平均值是相同的（如

果这是真的，两个平均值相减，结果为0）。

——我们假定零假设是真的，除非我们有足够的证据证明它不是。

——如果我们能够证明零假设是假的，那么我们就否定它。

- 如果有足够的证据去拒绝 H_0，备择假设（H_a）是一个表示事实的命题。例如：

$$H_a: \mu_1 \neq \mu_2 \quad \text{或} \quad H_a: \mu_1 - \mu_2 \neq 0$$

其含义是备择假设是这两个种群的平均值不同。

——如果我们拒绝零假设，那么实际上我们接受备择假设。

- 注意：从统计学家的角度看，我们永远不能接受或证明一个零假设——我们只能基于一定的概率不能拒绝零假设。同样，我们从不接受或证明备择假设是对的——我们拒绝零假设。对于一个外行人，这种语言可能被混淆。所以，本书使用语言是拒绝/接受的假设。

使用假设检验

- 允许我们从统计上确定一个值是否是引起报警的原因。
- 告诉我们两组数据是否真的不同（有一个确定的置信水平）。
- 告诉我们一个统计参数（平均值、标准偏差等）是否与一个感兴趣的值不同。
- 允许我们评估结论的"强度"（正确或错误的概率）。

假设检验的设定

- 样本之间和样本内相互独立。
- 随机样本。
- 正态分布的数据。
- 未知方差。

置 信 区 间

- 从一个数据样本计算得到的任何值（如平均值或标准偏差）很少与种群（或另一个样本）的实际值完全一样。

- 一个置信区间是由一组数据计算得到的值的范围，这给了我们一个指定的概率，真实值位于这个范围中。
- 通常，置信区间有一个附加的不确定性：估计值 ± 最大允许误差。

  例如：一个平均值的 95% 的置信区间是 35 ± 2，意味着能 95% 地确定种群真正的平均值介于 33 ~ 37。

计算置信区间

置信区间计算公式不包含在本书中，因为大多数人从统计软件中自动得到它们。你可能想要知道的是，当标准偏差已知时，使用的是 Z（正态）分布。因为事实往往不是那样，通常区间计算来自所谓的 t 分布。t 分布"放宽"或"扩展"可信区间，以考虑由于不得不使用估计的平均值而导致的不确定性。（所以，根据一个未知的平均值计算的 95% 的置信区间将比已知标准偏差的置信区间更宽。）

I 型和 II 型错误、置信度、权和 p 值

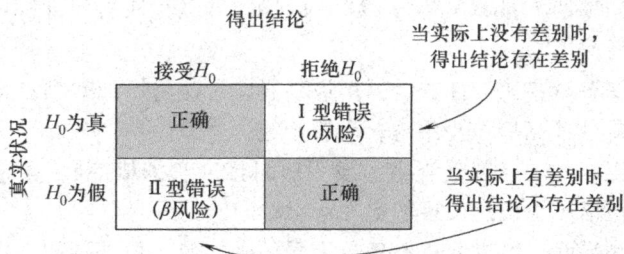

I 型错误：Alpha（α）风险或生产者风险

- 描述：当不应该拒绝时，拒绝了零假设。
- "发现"了并不真正存在的某种东西。

  例如：如果零假设是两个样本是相同的，即使它们是相同的，却错误地得出它们是不同的结论（"拒绝零假设"）。
- Alpha 错误的影响：将得到错误的结论，可能实施错误的解

决方案。

II 型错误：Beta（β）风险或客户风险

- 描述：当应该拒绝时，却没有拒绝零假设。
- 已经错过了一个重要的影响。

  例如：如果零假设是两个样本是相同的，就错误地认为它们是相同的（"不拒绝零假设"），而事实上它们是不同的。

- Beta 错误的影响：把处理方案选项当作是相同的，即使它们是不同的。
- II 型错误是根据具体情况确定的。

平衡 Alpha 和 Beta 风险

- 首先确定你能接受多少 I 型错误（这是你所选择的 Alpha 值）。
- 置信水平 $= 1 - \alpha$

  ——通常选择的 Alpha 水平为 0.05，导致 95% 的置信水平。选择 Alpha 值为 0.10（当应该接受时，增加拒绝零假设的可能性）会导致 90% 的置信水平。

- 如果使 Alpha 非常小，则 Bata 增加（其他所有条件都相同的情况下）。
- 如果需要压倒性的证据拒绝零假设，这将增加 II 型错误的可能性（当应该拒绝时，没有拒绝）。
- 权 $= 1 - \beta$（权是当零假设为假时拒绝它的概率）。权也可以被描述为检测发现特定大小影响的能力。
- 如果两个种群真正地具有不同的平均值，但差别非常小，那么更有可能认为它们是相同的。这意味着 Beta 风险较大。
- 只有当零假设真的为假的时候，Beta 风险才会出现。当零假设"越"假，检测到的可能性就越大，Beta 风险就越低。

p 值

- 如果拒绝零假设，p 值就是犯错的概率。

  ——p 值是 I 型错误的概率。

——关键的 Alpha 值决定零假设被拒绝的概率。

- 如果不想让 Alpha 风险超过 0.05，当 p 值是 0.05 或更小时，只需要简单地拒绝零假设即可。

置信区间和样本大小

样本大小和置信水平之间存在直接的关联：

- 大的样本增加置信水平。
- 如果可以忍受低的置信水平，较小的样本就可以了。

狭窄的置信区间使得包含真正平均值的几率更小（低的置信水平）。

宽广的置信区间使得包含真正平均值的几率更大（高的置信水平）。

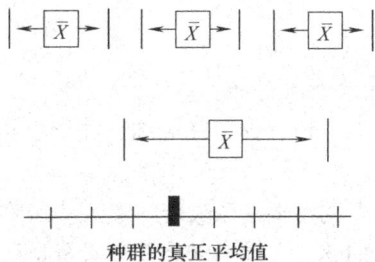

$$\mid \leftarrow \boxed{\bar{X}} \rightarrow \mid \quad \mid \leftarrow \boxed{\bar{X}} \rightarrow \mid \quad \mid \leftarrow \boxed{\bar{X}} \rightarrow \mid$$

$$\mid \longleftarrow \boxed{\bar{X}} \longrightarrow \mid$$

种群的真正平均值

- 在给定的 Alpha 水平上减少 Beta 风险，增大样本大小。
- 所有这些给定的参数、数据集、置信水平和样本大小转化成为一个特定的置信区间。
- 它们也转化成假设检验结果的类型。
- 对较大的差异（Delta，Δ）进行测试，可以减小所需的样本大小。

t 检验概述

重点强调

- 它是一种统计测试，用一个过程或种群的平均值做出判断。

- 判断零假设是否可能为真（见 P153 更多关于基本的假设检验的内容）。
- 计算一个 t 统计量，并通过对其与 t 分布进行比较以确定概率（见下文）。
  - ——在你知道种群的标准偏差的情况下，应该使用 Z 统计量而不是 t 统计量。Z 分布不在本书中论述，因为它们在实际中很少用到。
- 数据应呈正态分布。然而，由于中心极限定理（见 P114）与平均值的分布有关，这个假设对于 t 检验不像它对于其他检验那样重要。
- 用于两种情况：
  - a）将一个样本与一个感兴趣的点进行比较（单样本 t 检验）。
  - b）将一个样本与另一个样本进行比较（双样本 t 检验）。

t 分布

- t 分布实际上是一类分布。
- 它们在形状上与正态分布（对称、钟形）相似，尽管在尾部更宽、更平。
  - ——其形状多宽、多平取决于样本大小。样本大小越小，分布的尾部越宽、越平（这意味着置信区间越来越宽）。
  - ——随着样本大小的增大，t 分布逐渐接近于正态分布的准确形状。
- 大多数统计软件（比如 Minitab）会自动报告 t 统计量和概率。下面将展示如何完成这些计算。t 分布表请参见优秀的统计教材。

单样本 t 检验

- 告诉人们一个统计参数（平均值、标准偏差等）是否与一个感兴趣的值不同。
- 能评估结论的"强度"（正确的概率）。
- 假设的基本形式：

$$H_0: \mu = \text{一个目标值或已知值}$$

（零假设是样本平均值等于目标值。）

$$H_0: \mu > \text{或} < \text{或} \neq \text{目标值或已知值}$$

（为备择假设选择一个符号，表明你认为均值是否大于、小于或不等于目标值。）

- 这是计算 t 检验统计量的方程：

$$t = \frac{(\overline{X_1} - \overline{X_2}) - \Delta_0}{s_{\overline{X_1} - \overline{X_2}}}$$

——Δ_0（delta）是假设的两个种群平均值之间的差值。

——确定分母的方法取决于你是否可以假设新的数据像已知的标准那样具有相同的变化（这会影响你在 Minitab 统计软件中检查的选项。）。

——计算 s 的细节超出了本书的范围（另外，如果你使用一个统计程序，它通常是自动完成的）。如果你需要手工做这些计算，请参见好的统计教材。

单样本 t 检验的实例

一个汽车制造商有一个目标长度为 599.5mm 的凸轮轴，可变动范围为 ± 2.5mm（= 597.0 ~ 602.0mm）。以下是来自供应商 2 的凸轮轴的长度数据：

> 均值 = 600.23mm   标准偏差 = 1.87mm
>
> 平均值 95% 的置信区间为 599.86 ~ 600.60mm

简单地说，零假设就是：来自供应商 2 的凸轮轴与目标值一样。Minitab 软件打印输出的假设检验结果如下：

单样本 t 检验：供应商 2

mu 的检验值 =599.5 与 mu 的检验值 ≠599.5

变量	N	平均值	标准偏差	平均值的标准误（SE）	95% 的置信区间	t	p
供应商 2	100	600.230	1.874	0.187	(599.858, 600.602)	3.90	0.000

置信区间、假设检验和权

供应商2的直方图
(具有 H_0 和平均值95%的 t 置信区间)

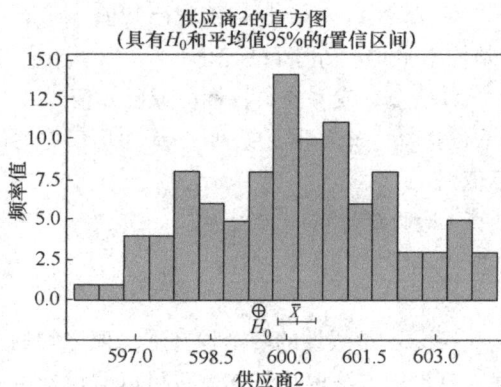

结果

提示应该拒绝零假设（为了实用的目的，意味着得到来自供应商2的凸轮轴与目标值不一样的结论）：

1）在直方图上，用圆圈标记的目标平均值在数据平均值的置信区间之外。

2）p 值是 0.00（小于 Alpha 的 0.05）。

双样本 t 检验

重点强调

- 双样本 t 检验是用来检验两个样本的平均值是否一样。

使用双样本 t 检验

- 双样本 t 检验的零假设为

$$H_0: \mu_1 = \mu_2 \text{ 或 } H_0: \mu_1 - \mu_2 = 0$$

（种群1的平均值与种群2的平均值一样）

- 如果有足够的证据来否定 H_0，备择假设是一个代表事实的陈述。

- 这种状况下的备择假设如下：

$$H_a : \mu_1 \neq \mu_2 \text{ 或 } H_a : \mu_1 - \mu_2 \neq 0$$

● 拒绝零假设，那么接受（"不拒绝"）备择假设。

双样本 t 检验的实例

同一个汽车制造商还有另一个供应商的数据，并想要比较两个供应商的数据：

供应商 1：均值 = 599.55mm，标准偏差 = 0.62mm（平均值 95% 的置信区间为 599.43 ~ 599.67mm）

供应商 2：均值 = 600.23mm，标准偏差 = 1.87mm（平均值 95% 的置信区间为 599.86 ~ 600.60mm）

简单地说，零假设就是：来自供应商 1 与供应商 2 的凸轮轴的平均长度是相同的。Minitab 统计软件打印输出及其箱线图如下：

双样本 t 检验和置信区间：供应商 1、供应商 2

供应商 1 与供应商 2 的双样本 t 检验

变量	N	平均值	标准偏差	平均值的标准误（SE）
供应商 1	100	599.548	0.619	0.062
供应商 2	100	600.23	1.87	0.19

差异 = mu（供应商 1）- mu（供应商 2）

差异估计：- 0.682000

差异 95% 的置信区间：（- 1.072751，- 0.291249）

差异的 t 检验 =0（与差异的 t 检验 $\neq$ 0）：t 值 = -3.46　p 值 = 0.001 DF（自由度）= 120

置信区间、假设检验和权

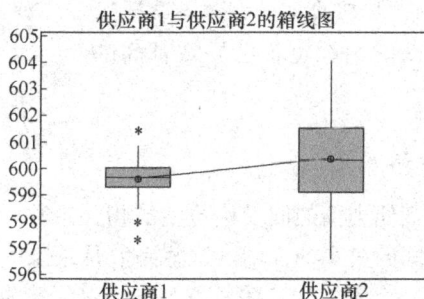

供应商 1 与供应商 2 的箱线图

结 果

在这些结果中有两个指标，因此必须拒绝零假设（实际上，意味着得到这两个供应商在统计上是不同的结论）：

- 差异95%的置信区间并不包含"0"（两个值都为负）。
- $p = 0.001$（如果$p \leqslant 0.05$，通常拒绝零假设）

（考虑到这个箱线图中的数值分布，可能还需要方差检验。）

相 关 概 述

重点强调

- 相关是用来表示不同的测量值之间是否有关系的一个术语。
  - ——正相关意味着一个测量的较大值与另一个测量的较大值相关（两个值同时增长）。
  - ——负相关意味着一个测量的较大值与另一个测量的较小值相关（一个上升，另一个下降）。
- 相关本身并不意味存在因果关系。
  - ——有时一个明显的相关可能是巧合。
  - ——其他时候，两个因果变量都与一个潜在的原因有关系——所谓的潜伏变量——不包括在你的分析中。
  - ——这里所示的实例中，潜伏变量是汽车的重量。

汽车价格与油耗呈负相关（意味着价格上升，油耗下降）。但较高的价格并不会导致较低的油耗，较低的油耗也不会导致较高的汽车价格。

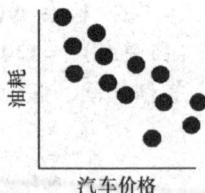

相关统计（系数）

回归分析和其他类型的假设检验生成相关系数，表明你正在研究的两个变量之间的关系的强弱。这些系数是用来确定关系是否具有统计学意义（一个变量的某些值与其他变量的某些值相关的可能性）。例如：

- 皮尔逊相关系数（指定为 r）反映了关系的强度和方向。
- r^2（r 平方）是皮尔逊相关系数的平方，告诉我们归因于自变量 X 的 Y 变化的百分比（"r" 可正可负，r^2 总是为正）。

正如你之前可能已经听说过的，"相关并不意味着有因果关系。"这意味着只根据相关系数，不能得出一个变量的较大值导致其他变量的较大值或较小值的结论。

相关系数的说明

- r 介于 -1 和 1 之间（包括 -1 和 1）。
- 用于计算 r^2。
- r^2 介于 0 和 1 之间（包括 0 和 1）。

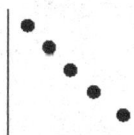

$r=-1$
完美的
负相关

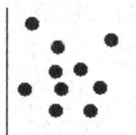

$r=0$
不相关

$r=1$
完美的
正相关

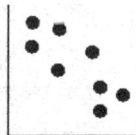

考虑将
$r>0.65$ 或
$r<-0.65$
作为具有强
相关的证据

回 归 概 述

重点强调

回归分析用于相关计算和散布图，基于过去结果预测未来的性能。

- 回归定义与只用相关系数相比，能更精确地定义关联。
- 回归分析是一种工具，使用相关变量的数据建立预测方程或模型 $[Y=f(x)]$。

概述回归分析

1. 计划收集数据
   - 你研究什么输入或潜在原因？

——也称为预测变量或自变量。

——变量最好是连续的，但它们可以是计数或分类数据。

- 关键输出变量什么？

——也称为响应或因变量。

——变量最好是连续的，但它们可以是计数或分类数据。

- 你如何能得到数据？你需要多少数据？

2. 进行分析并消除不重要的变量。

- 收集数据并建立一个回归方程：

——哪些因素（预测变量或自变量）对响应变量有最大影响？

——什么因素或因素的组合是最好的输出预测？

- 记得进行残差分析（见P190），以检查是否可以正确解析结果。

3. 选择并完善模型。

- 从模型中删除不重要的因素。

- 当模型中还有2或3个因素时结束。

4. 验证模型。

收集新数据，来检验该模型能够预测实际性能的能力。

简单线性回归

重点强调

- 在简单线性回归中，一个单一的输入变量（X）用来定义/预测单一输出（Y）。

- 分析得到的结果包括如下形式的方程：

$$Y = B_0 + B_1 X + E$$

B_0是y轴上的截取点（把它看作是输出的平均最小值）。

B_1是常数，告诉你X变量对输出如何影响及影响多大。

——"＋"符号代表X越大，Y就越大。

——"－"符号代表X越大，Y就越小

E 是误差或"噪声"的数量。

拟合线图
等待时间=32.05+0.5825×交货数

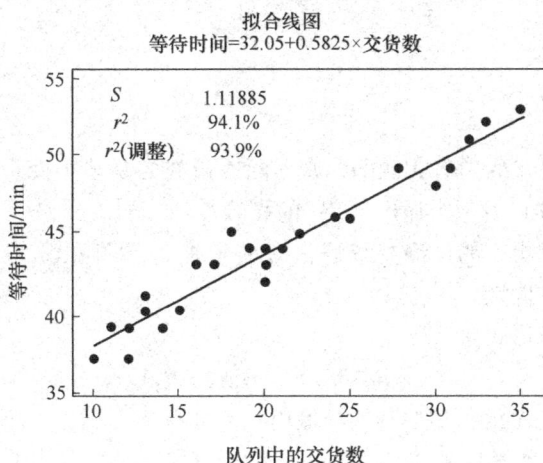

图中标注：

S　　1.11885
r^2　　94.1%
r^2(调整)　93.9%

纵轴：等待时间/min，刻度 35、40、45、50、55
横轴：队列中的交货数，刻度 10、15、20、25、30、35

解释简单回归数字

注意：一定要进行残差分析（见 P190），这应作为工作的一部分，来验证回归的有效性。如果残差显示出不同寻常的模式，则不能相信计算结果。

在前面的图中示出比萨的交货数如何影响客户的等待时间。简单的回归方程形式如下：

$$等待时间 = B_0 + (B_1 \times 交货数) + E(误差)$$

实际的数据显示：

$$等待时间 = 32.05 + 0.5825 \times 交货数$$

这意味着，平均一下，甚至在队列中没有交货的时候，客户也必须等待约 32min。而（研究范围内的）队列中每增加一个新的交货，等待时间只增加半分多钟（0.58min）。公司可以使用此方程来预测客户等待时间。例如，如果有 30 个交货在队列中，预测的等待时间是：

$$等待时间 = 32min + (0.58 \times 30)min = 49.4min$$

- 模型说明的数据变化百分比 $= r^2 = 0.970 \times 0.970 = 94.1\%$

多重回归

重点强调

- 与简单回归有相同的原则，除非研究的是多个变量 X（预测变量）对一个输出（Y）的影响。
- 使用更多的预测变量通常有助于提高预测方程（"模型"）的准确性。
- 方程形式是：

$$Y = B_0 + B_1X_1 + B_2X_2 + B_3X_3$$

—— Y 就是想要预测的输出。

—— X_s 是输入变量。

—— B_s 是试图寻找的常量——它们告诉我们输入对输出的影响多大以及如何影响。

多元回归结果的说明

下面是 Minitab 的输出。预测方程的处理过程与简单的回归分析一样（见 P164）。

回归方程为：

前置时间 = 30.5 + 0.343 × 比萨总数 + 0.113 × 不合格数 - 0.010 × 错误订单

预测变量	系数	标准误（SE）系数	T	P
常数	30.4663	0.7932	38.41	0
比萨总数	0.34256	0.0340	10.06	0
有问题总数	0.11307	0.0412	2.75	0.012
错误订单数	-0.0097	0.2133	-0.05	0.964

$S = 1.102$ $r^2 = 94.8\%$ r^2（调整）$= 94.1\%$

这里的因素含义如下：

- 前置时间是 30.5min，加上……

- 每个比萨饼增加 0.343min 前置时间。

- 制作每个比萨饼的误差时间增加 0.113min。

- 每个错误的订单减去 0.01min——这意味着错误的订单对交货时间不会有多大影响，或者在方程里包括"错误的订单"只是给模型添加了随机变化（见下面的 p 值）

r^2 是由模型解释的变化百分比。该模型说明比萨前置时间有 94.8% 的可变性。

r^2 是根据项的数量调整过的模型和样本大小解释的变化百分比（较多的因素和较小的样本大小增加不确定性）。在多元回归中，将使用 r^2 作为模型解释的变化量。

S 是回归模型的估计标准偏差。我们想要 S 尽可能小。

p 值告诉我们，这一定是一个假设检验。

$$H_0: 不相关 \qquad H_{\alpha}\cdot 相关$$

如果 $p < 0.05$，那么这一项是重要的。

如果 $p > 0.10$，那么这一项可以从模型中删除。

如果假定值是在这两个概率水平之间的灰色区域，使用者可以在模型中保留这一项。

输出图表：矩阵图和相关矩阵

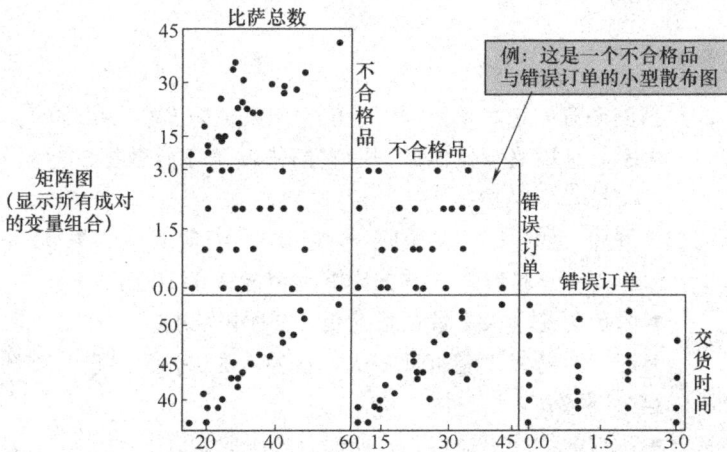

例：这是一个不合格品与错误订单的小型散布图

- 当比萨总数和缺陷增加时，前置时间看起来增加了。

- 错误订单似乎没有影响。
- 比萨总数和缺陷似乎是相关的。

这些观察由相关矩阵证实（如下）。在下面实例中，显示了两个不同因素之间的关系（比萨总数、不合格品、错误订单、交货时间在成对基础上的相关性检验）。

	比萨总数	不合格品	错误订单
不合格品	0.769		
	0		
错误订单	0.082	0.051	
	0.695	0.807	
前置时间	0.964	0.829	-0.057
	0.000	0.000	0.787

在每一对数字中：

- 上面一个数字是皮尔逊相关系数，r 作为经验法则，通过 $r > 0.65$ 或 $r < -0.65$ 查找相关性。
- 下面一个的数字是 p 值。通过 $p \leqslant 0.05$ 来表示 95% 置信水平的相关性。

警告

1）预测变量的相对重要性不是由它们系数的大小来决定的：

- 系数是依赖于比例的——它们依赖于原始数据的单位和增量。
  例如：如果因素 A 的系数为 5.0，因素 B 的系数为 50，这并不意味着因素 B 的影响是因素 A 的 10 倍。
- 系数是受输入变量之间的相关性所影响的。

2）有时，一些 X 变量彼此相关，这种情况被称为多重共线性。

这会导致：

- 系数的估计不稳定，并伴随有膨胀的 p 值。
- 每个 X 变量的影响难以隔离。

- 系数变化非常大，这取决于哪些 X 包含在模型中。

使用称为方差膨胀因子（VIF）的度量指标来检查多重共线性：

$$VIF = \frac{1}{1 - r_i^2}$$

r_i^2 是根据其他 X 对 X_i 进行回归得到的 r^2 值。

一个较大的 r_i^2 值表示一个变量是冗余的。

经验法则：

$r_i^2 > 0.9$，应引起关注（VIF > 10，高度共线性）。

当 VIF > 5 时，则 $0.8 < r_i^2 < 0.9$，表明中等程度的共线性。

如果两个预测变量表现出多重共线性，则需要从模型中删除其中一个。

小贴士

- 使用散布图（见 P151）将数据可视化，验证你的统计分析的解释。
- 使用测量选择矩阵（见 P73）来帮助识别你想要研究的多个因素。
- 收集足够的观测值来充分测量误差和检查模型假设。
- 确保样本数据是种群的代表（需要一个有效的抽样策略）。
- 输入变量（X）过多的测量误差会导致估计系数、预测等的不确定性（需要一个可接受的 MSA）。
- 确保对所有潜在的重要变量收集数据。
- 当你决定在模型中包括哪些输入时，要考虑收集那些额外变量数据的时间和精力。
- 统计软件包，如 Minitab，通常会帮助你找到最佳变量组合（最佳子集分析）。不是仅依靠 p 值，计算机能够查看所有可能的变量组合，并输出结果模型特征。
- 当你发现最佳子集，根据仅有的那些因素重新计算回归方程。
- 通过收集额外的数据验证方程。

方差分析（ANalysis Of VAriance，ANONA）

目的

相互比较三个或更多的样本，看看是否其中一个样本的平均值在统计上与其他样本不同。

- 方差分析是用来分析几个类型的输入（KPIV）与一个连续输出（KPOV）之间的关系。

何时使用方差分析

- 在分析阶段使用，确认变量的影响。
- 在改进阶段使用，帮助从几个备选方案中选择最佳选项。

方差分析概述

在统计学领域，输入有时也被称为因素。样本可能来自几个不同来源或不同情况下，这些被称为水平。

- 例如：可能要比较三个不同设备的准时交付性能（A、B和C）。"设备"被认为是方差分析的一个因素，而A、B和C是"水平"。

辨别三个或更多的选项在统计上的不同，方差分析考虑可变性的三个来源：

总体——所有观测值的总的可变性。

两者之间——子群平均值之间的变动（因素）。

某范围内——在每个子群中的随机（偶然性）变动（噪声或统计误差）。

在单因素方差分析（见P171）中，考虑单因素在不同水平下对响应变量的影响。

在双因素方差分析（见P176）中，研究两个因素在不同水平下以及在这两个因素的相互作用下对响应变量的影响。

单因素方差分析

单因素方差分析（只包括一个因素）测试是否任何一个而可供选择的事物的平均值（平均数）与其他的不同。它没有告诉人们哪一个是不同的，因而需要用多重比较方法来补充方差分析，从而决定哪个是不同的。一个常见的方法是使用图基（Tukey）的两两比较检验（详见 P178）。假设的形式如下：

$$H_0 : \mu_1 = \mu_2 = \mu_3 = \mu_4 = \cdots = \mu_k$$

H_a：至少一个 μ_k 不同于另一个 μ_k（或"至少一对平均值是不同的"）。

这个比较是通过计算"平方和"得来的（如这里所示的与下图所描述的）：

$$\sum_{j=1}^{g} \sum_{i=1}^{n_j} (y_{ij} - \bar{\bar{y}})^2 = \sum_{j=1}^{g} n_j (\bar{y}_j - \bar{\bar{y}})^2 + \sum_{j=1}^{g} \sum_{i=1}^{n_j} (y_{ij} - \bar{y}_j)^2$$

$$\text{SS（总计）} = \text{SS（因素）} + \text{SS（误差）}$$

SS（总计）= 试验的总平方和（个体值 – 总平均值）

SS（因素）= 因素的平方和（组平均值 – 总平均值）

SS（错误）= 组内平方和（个体值 – 组平均值）

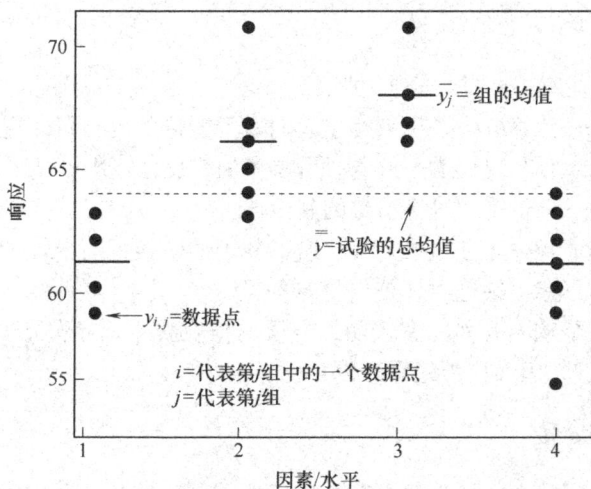

单因素方差分析步骤

1. 选择一个样本大小和因素水平。
2. 随机进行试验并收集数据。
3. 进行方差分析（通常通过统计软件；请看以下对结果的解释）。
4. 如果需要，跟进两两比较。如果方差分析表明至少一个平均值不同，通过两两比较来显示哪个是不同的。
5. 检验残差、方差和正态性假设。
6. 生成主要影响图、区间图等。
7. 得出结论。

单因素方差分析报告

通过对比平方和，我们可以知道观察到的差异是否是由真正的差异或随机的偶然性导致的。
- 如果感兴趣的因素很少或者不影响平均响应，那么这两个估计（"两者之间"和"某范围内"）应该几乎相等，从而将得出结论：所有子群可能来自一个更大的种群。
- 如果"两者之间"变动比"某范围内"变动变得更大，可能表明子群的平均值有很大差别。

解释 F 比率

- F 比率将分母与分子相比：
  ——计算分母是用来建立人们通常期待的变化量。它成为一种其他值进行检查时所参考的变化性标准。
  ——分子是要进行检查的其他值。
- 当 F 比率较小（接近 1）时，分子的值接近的分母的值，因而不能拒绝这两个是相同的零假设。
- 一个较大的 F 比率表明，分子的值明显不同于分母（MS 错误），因而应拒绝零假设

检查异常值

- 数据集中的异常值可能影响子群的可变性及其平均值，并且

影响 F 比率的计算结果（也许会导致错误的结论）。

- 样本大小越小，异常值的影响就越大。
- 当进行方差分析时，检查原始数据以查看是否有任何值远离主集群的值。

小贴士

- 一定也要执行残差分析（见 P190）。

示例：设备的发票处理周期时间（单因素方差分析）

```
单因素方差分析：订单处理循环时间与地点

订单 Pr 的方差分析

来源  DF（自由度）   SS（方差）    MS（均方差）     F      P

位置       2          13.404        6.702         6.89  0.004

误差      27          26.261        0.973

总计      29          39.665


                  基于汇总标准差个体 95% 接近平均值

水平   N    平均值    标准差   —— + ——— + ——— + —— + -

 CA   10   4.2914   0.6703   (——*——)

 NY   10   5.2304   0.8715        (——*——)

 TX   10   5.9225   1.3074                   (——*——)

                             —— + ——— + ——— + —— + -

汇总标准差 = 0.9862              4.00   4.80   5.60   6.40
```

结论：因为 p 值是 0.004，可以得出结论：**至少一对的平均值是不同的**，或一个设备在统计上显著不同于**至少一个其他的设备**。

需要进一步分析来判断是否有不止一个显著差异。例如，一个设备可以不同于所有其他设备，或几个设施可能明显互不相同。

为了断定哪几对设备是明显不同的，执行**图基两两比较**

（Tukey Pairwise Comparisons），它为列表成对数据提供了置信区间的差异（设备 A 与设备 B；设施 A 与设备 C；设备 B 与设备 C 等）。Alpha 是由个体误差率决定的——个体测试的 Alpha 将比类测试的 Alpha 更小（如下面的图所示）。

```
图基的两两比较
类误差率 = 0.0500
个体误差率 = 0.0196
临界值 = 3.51
间隔（列水平均值）–（行水平均值）
                 CA              NY
       NY        -2.0337
                  0.1556
       TX        -2.7258        -1.7867
                 -0.5364         0.4026
```

- 这两个数字描述了每一对因素之间的差异的置信区间的端点（上面的数字是下限，下面的数字是上限）。如果在这一范围中包含 0，我们必须接受（即"不拒绝"）两个平均值是相同的假设。

- 在这个例子中，我们可以得出如下结论：NY 与 CA 或者 TX 在统计上并没有不同，因为置信区间（CI）的范围对于那些对都包含 0。但是在统计上看来，CA 似乎与 TX 是不同的——置信区间范围的两个数字都是负的。

自 由 度

样本中独立的数据点的数量确定分析中可用的自由度（Degrees of Freedom，DF）。

- 我们为我们收集的每个数据点获得一个自由度。
- 我们为我们估计的每个参数消耗掉一个自由度。

换句话说，自由度的总数等于独立的数据点数量减 1。因素计算、相互作用计算、误差项的计算的自由度如下所示：

$$df_{总} = N - 1 = 观察数 - 1$$

$$df_{因素} = L - 1 = 水平数 - 1$$

$$df_{相互作用} = df_{因素A} * df_{因素B}$$

$$df_{误差} = df_{总} - df_{任何其他}$$

方差分析假设

1）模型误差被认为平均值为零的正态分布，并且是随机分布的。

2）样本被假定为来自正态分布的种群，可用残差图来检验（见 P190）。

3）方差被假定为对所有因素水平近似不变。

——在标记为相等方差检验的选项下，Minitab 和其他统计软件包将同时进行巴特利特（Bartlett）检验（如果数据是正态的）或列文（Levene）检验（如果不能进行正态性假设）。

订单处理时间的相等方差检验

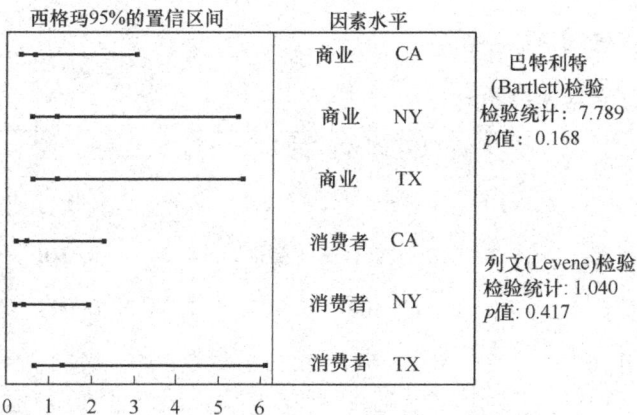

西格玛95%的置信区间　　　　因素水平

商业　　CA

商业　　NY

商业　　TX

消费者　CA

消费者　NY

消费者　TX

巴特利特
(Bartlett)检验
检验统计：7.789
p值：0.168

列文(Levene)检验
检验统计：1.040
p值：0.417

0　1　2　3　4　5　6

在本例中，p 值非常高，所以不能拒绝关于所有因素方差是相同的假设。

实践注意事项：平衡的设计（对所有不同因素水平采取一致的样本大小），用统计语言来讲，是"对于恒定方差的假设来说是非常鲁棒（Robust）的"。这意味着即使方差不是完全不变的，结果也将是有效的。不过，还是要养成检查恒定方差的习惯。这是一个发现因素水平是否具有不同的可变性的机会，是有用的信息。

双因素方差分析

和单因素方差分析采用相同的原则，采用类似的 Minitab 输出（如下所述）：

- 因素可以具有多个水平，对于每个因素不仅限于两个水平
- 总的可变性表示为：

$$SS_T = SS_A + SS_B + SS_{AB} + SS_e$$

SS_T 是总平方和；

SS_A 是因素 A 的平方和；

SS_B 是因素 B 的平方和；

SS_{AB} 是因素 A 和因素 B 相互作用的平方和；

SS_e 是误差平方和。

双向方差分析报告

A）会话窗口输出

订单处理时间的方差分析					
来源	DF	SS	MS	F	P
订单类型	1	3.968	3.968	4.34	0.048
位置	2	13.404	6.702	7.34	0.003
相互作用	2	0.364	0.182	0.20	0.821
误差	24	21.929	0.914		
总计	29	39.665			

像其他假设检验一样，根据所选择的 Alpha 水平（典型的为 0.05 或 0.10），着眼于 p 值，判断因素的不同水平是否导致明显的

不同。

B) 主要影响图

- 这些图显示出进行比较的单个因素的平均数或平均值（每个因素对应一幅图）。
- 因素水平的差异将呈现出"不平"的线：斜向上、斜向下或上下曲折。

主要影响图——订单处理的数据平均值

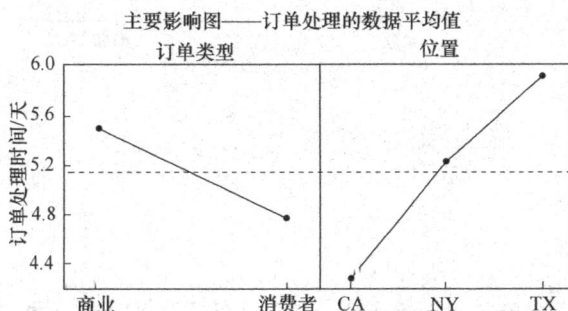

- 例如：上图左半部分显示，消费者订单处理快于商业订单；右边显示三个城市时间的不同（加利福尼亚、纽约和得克萨斯州）。
- 查看 p 值（P176 的 Minitab 会话输出）以确定这些差异是否显著。

C) 相互影响图

- 显示不同因素组合的不同平均值。
- 下面的例子来自一个标准 Mintab 数据集，显示了每个区间的不同模式（意味着因素在不同的位置"表现不同"）：

　　——在地区 1，颜色和普通包装比销售点产生更多的销售额。

　　——在地区 2，颜色和销售点比普通包装有更高的销售额。

　　——在地区 3，整体销售较低；不像在区域 1 和区域 2，颜色独自并不能提高销售额。

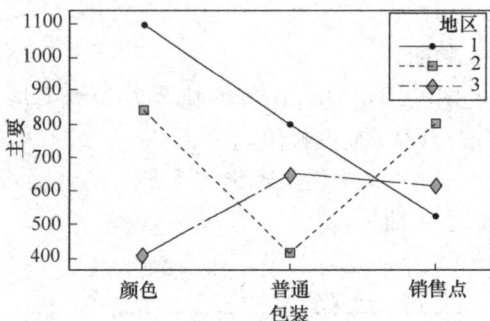

卡方（Chi-square）检验

重点强调

- 卡方检验是当影响因素（X）和结果（Y）是分类/属性数据时的一种假设检验方法。

  例：客户的位置影响订购的产品/服务吗？

  例：供应商是否会影响最终产品的性能测试？

- 希腊字母 χ 或 chi（发音为"kye"，与"eye"押韵）用来代表这一统计量（最后的符号是"平方"，因此称为"卡方"）。

- 卡方检验是每个类别预期值和观测值之间"差的平方"之和。

假设的形式

用卡方检验独立性，统计学家假设生活中的大多数变量都是独立的，因此：

H_0：数据是独立（不相关的）。

H_a：数据是非独立的（相关的）。

如果 p 值 <0.05，那么拒绝 H_0

如何计算卡方

1. 识别两个变量 X 和 Y 的不同水平

例：供应商 A 与供应商 B，通过或者失败。

2. 收集数据

3. 在一个观察表里总结结果

- 包括每列和行的总和。
- 这里的表格显示关于年龄（X）是否影响一个候选人被雇用情况（Y）的数据。

	被雇用的	未被雇用的	总计
年龄大的	30	150	180
年轻的	45	230	275
总计	75	380	455

4. 开发一个期望的频率表

- 对于表中的每一个单元，用行的总和乘以列的总和，然后再除以观察的总和。

  例：在上表中，"年龄大的，被雇用的"单元的期望频率是：$(75 \times 180) \div 455 = 29.6\%$（译者注：原书有"%"，实际上应该去掉。）

- 对于每个单元，期望值减去观察的实际值。（译者注：原书中是这样的，但实际应该是观察的实际值减去期望值。）

  例：在上面的表中，"年龄大的，被雇用的"单元将是：$30 - 29.6 = 0.4$

5. 计算相对平方差异

- 将表中的每个数平方（负数将变为正的）。

  例：$0.4 \times 0.4 = 0.16$

- 每个单元除以观测的期望值。

  例：$0.16 \div 29.6 = 0.005$

6. 把所有的平方差异相加得到卡方

例如：上面的表格中：

卡方 $= \chi^2 = 0.004 + 0.001 + 0.002 + 0.000 = 0.007$

7. 确定和解释 p 值

对于这个例子：$df = 1$，$p = 0.932$。

注意：你一旦输入数据，Minitab 或其他统计软件会生成表和计算卡方和 p 值。所有你需要做的就是解释 p 值。

小贴士

- 收集的数据应该确保随机性；谨防其他隐藏因素（X）。

试验设计（DOE）、符号和术语

响应变量—— 一个被观测和测量的输出量。

因素 —— 一个可控的或不可控的输入变量。

部分因素试验设计——只考虑全部因素所有可能组合的一部分。如果正在研究许多因素，通过小投入即可获得所需信息。详见 P185 符号部分。

全因素试验设计——在检验水平检查所有可能的因素组合。全因素试验设计是一种试验策略，允许我们完全地回答大部分问题。2 水平的全因素试验设计的通用符号是：2^k = 运行次数。

水平 —— 一个因素特定的值或设置。

影响 —— 当试验条件变化时，响应变量的变化。

相互作用——它发生于一个因素对响应变量的作用取决于另一个因素的设置时。

重复——在一种试验设置下，运行几个样本。

复制——复制一个时间序列的整个试验，每次运行时采用不同的设置。

随机化——一种用于在整个试验区域散布干扰变量影响的技术。对不同的因素水平组合，使用随机数来确定试验运行的顺序或进行试验设备分配。

分辨率——对于不同水平的相互作用，结果需要多少灵敏度。

运行——试验设计中收集数据时的一项设置。例如，一个 2 水平 3 因素的全因素试验设计的运行次数是 2^3 = 8。

试验——见运行部分。

处理组合——见运行部分。

设计术语

在大多数软件中，每个因素在实验中会自动分配一个字母，如A、B、C等。

- 任何标注了一个字母的结果只与那个变量有关。

相互作用的影响用相应因素的字母标记：

"双因素"相互作用（二阶影响）

AB, AC, AC, BC, …

"三因素"相互作用（三阶影响）

ABC, ACD, BCD, BCG, …

小贴士：寻找主要影响和二阶影响（一个因素与另一个因素的相互作用）是常见的，而在某些类型的试验中寻找三阶影响（如化学过程）却是不常见的。然而，高阶相互作用非常显著（这被称为"稀少的影响"）是罕见的。Minitab和其他程序可以计算高阶影响，但总的来说，这样的影响很不重要，而且在分析中可以被忽略。

规划一个设计的试验

试验设计是用来理解和减少任何过程变化的最强有力的工具之一。试验设计在你想完成如下工作的任何时候都是有用的：

- 找到**最优的过程设置**，以最低的成本产生最好的结果。
- 识别和量化在输出上有最大的影响的因素。
- 识别在质量或时间上没有多大影响的因素（因此可以用最方便的和/或最低成本的水平来设置）。
- 快速检查大量的因素从而抓住最重要的那些。
- 减少测试多个因素的时间和需要的试验次数。

开发一个试验计划

1. 界定问题的业务术语，如成本、响应时间、客户满意度、服务水平。

2. 确定一个可测量的目标，可以量化作为响应变量（见P182）。
   例：提高20%的过程产量。

例：在质量或服务水平上实现一个季度的目标。

3. 确定输入变量及其水平（见 P183）。

4. 确定要使用的试验策略：

   - 确定你是否会做一些中型到大型试验，或几个允许快速学习周期的小试验。
   - 确定你是否将做一个全因素或部分因素设计（见 P184）。
   - 使用一个软件程序，诸如 Minitab 或其他参考资料，来帮助识别将要进行测试的因素组合以及对它们进行测试的顺序（"运行顺序"）。

5. 计划执行的所有阶段（包括确认试验）：

   - 随机化、复制、重复的计划是什么？
   - 如果有随机化的限制怎么办（有的因素的随机化很困难/不可能）？
   - 我们已经就此与内部客户交谈了吗？
   - 需要多长时间？需要什么资源？
   - 我们如何分析数据？
   - 我们已经计划一个试点运行了吗？
   - 确保足够的资源分配给数据收集和分析。

6. 执行一个试验并且分析结果。我们学到了什么？下一步行动的过程是什么？进行更多的试验或应用已有的知识并在新的性能水平上稳定过程。

界定响应变量

- 输出是定性的还是定量的？（定量的更好）
- 努力将客户的需求和偏好与输出相关联，而且与经营战略保持一致或相关联（不仅仅是容易测量的因素）。
- 你想看到响应变量的什么影响（重新定位、对中、减少变化，还是所有的这三个）？
- 基线是什么（平均值还是标准偏差）？
- 输出在统计上可控吗？
- 输出随时间变化吗？
- 你想检测出多少输出变化？

- 你怎样测量输出？
- 测量系统适当吗？
- 输出的预期范围是什么？
- 这些优先考虑的是什么？

识别输入变量

回顾你的过程图或 SIPOC 图，使用原因识别方法（见 P142 ~ 153）确定可能对响应变量有重要影响的因素，按下列分类区分它们：

1）可控因素（X）——可以被用于观测对输出影响的因素。

例：定量的（连续的）：温度、压力、时间、速度。

例：定性的（分类的）：供应商、颜色、类型、方法、生产线、机器、催化剂、材料等级/类型。

2）不变的（C）或标准操作程序（SOP）——描述过程如何运行，以及识别在试验中保持不变、被监控和被维护的某些因素的程序。

3）噪声因素（N）——那些不可控的、难以控制的或者成本过高的，或者更适宜不控制的因素。决定如何在你的计划中处理这些因素（见下面的细节）。

例：天气、轮班、供应商、用户、机器年龄等。

选择因素

考虑选择因素时，应考虑如下问题：

A）实用的

- 改变因素水平是否有意义？是否要求过多的精力和成本？它是否是你愿意实施或者忍受的？

例：不要测试比可接受的实际生产操作更慢的生产线速度。

例：在测试你所知道的客户满意的服务因素的改变时，要注意。

B）可行的

- 物理上改变这些因素是否可行？

例：不要在实验室测试工厂不能实现的温度水平。

C) 可测量的

- 你能测量（重复）因素水平设置吗？

  例：在一个制造过程中的员工技能水平。

  例：客户服务代表的友善。

处理噪声因素的小贴士

一个噪声（或讨厌的东西）因素是人们无法控制的影响响应变量的因素。

- 如果噪声因素明确地影响你感兴趣的响应变量，并对过程、产品或服务的性能是至关重要的（如原材料）：

  ——将其包括到实验设计中。

  ——把试验的范围限制到一种噪声因素的情形（或水平）。

- 如果噪声因素是完全随机的和不可控制的（天气、操作者差异等），那么**随机处理运行**，使其无法让试验无效。

- 如果可能，在试验过程中保持噪声因素恒定。

选择因素小贴士

- 寻找容易摘到的果子：

  ——对关键测量具有重大影响的高潜力。

  ——没有或很低的成本。

  ——容易实施和改变。

- 额外要考虑的东西：

  ——成本效率。

  ——易管理。

  ——资源。

  ——互动的潜力。

  ——时间。

  ——你产生多少想法。

试验设计：全因素与部分因素（和符号）

全因素实验

- 检查所有可能的因素和水平组合。

- 使我们能够：
  - ——确定操纵因素将会对响应变量造成的主要影响。
  - ——确定因素相互作用对响应变量的影响。
  - ——估计设置因素的水平，以求最好的结果。
- 优势：
  - ——提供一个数学模型来预测结果。
  - ——提供关于所有主要影响的信息。
  - ——提供关于所有相互作用的信息。
  - ——量化 $Y = f(x)$ 关系。
- 限制：
  - ——比部分因素需要更多的时间和资源。
- 有时贴上**优化设计**的标签，因为它们能确定哪些因素和设置组合会在测试范围内给出最好的结果。它们是稳健的，因为可以确定关于主要影响和变量的信息。
- 最常见的是 2 水平设计，因为它们能提供很多信息，但是比研究 3 水平或以上水平需要更少的试验。
- 2 水平全因素设计的一般形式表示如下：

$$2^k = 运行次数$$

  2 是每个因素的水平数；

  k 是研究的因素数量。

  这是全因素试验所需的最少试验次数。

部分因素试验

- 考虑全因素试验中包括的所有可能组合的子集。
- 优势：
  - ——允许屏蔽很多因素——从不重要的因素中把重要的分离出来，在研究时间和成本上的投入更小。
  - ——需用于完成一个部分因素试验的资源是可控的（时间、金钱和人员的节约）。
- 局限性/缺点：
  - ——并不能发现所有的相互作用。
  - ——这些测试在统计学上更复杂，而且要求专业的输入。

- 2 水平部分因素设计的一般形式表示如下：

$$2_R^{k-p} = 运行次数$$

2 是每个因素的水平数；

k 是研究的因素数量；

2^{-p} 是部分的大小（$p=1$ 时为 $1/2$，$p=2$ 时为 $1/4$，等等）；

2^{k-p} 是运行的次数；

R 是一个分辨率，是一个用于表明什么级别的影响和相互作用互相混淆的指标，意味着你不能在分析中把它们区分开。

部分因素试验设计中分辨率的损失

- 当使用一个部分因素试验设计时，无法估计所有的相互作用。
- 我们能够根据估计的数量由试验的分辨率决定。
- 分辨率越高，能够确定的相互作用越多。

例：

$$2_{IV}^{4-1}$$

这个试验将在 2 水平上测试 4 个因素，进行一半的部分因素设计（2^4 是 16 次，这个试验相当于 $2^3 = 8$ 次）。

Ⅳ 分辨率意味着：

- 主要影响与 3 因素相互作用（$1+3=4$）互相混淆。你不得不承认主要影响会被 3 因素相互作用干扰。由于 3 因素相互作用相对罕见，所以把测量差异只归因于主要影响是一种最常见的靠得住的假设。
- 2 因素相互作用（$2+2=4$）互相混淆。这种设计并不是一种估计 2 因素相互作用的好的方式。

解释试验设计结果

大多数统计软件包会提供主要影响、相互作用和标准偏差的结果。

平均值的主要影响图

销售的主要影响图（数据平均值）

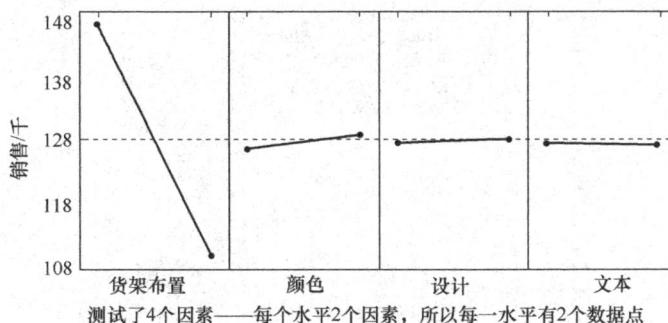

测试了4个因素——每个水平2个因素，所以每一水平有2个数据点

- 斜度是相对的。有较大斜度（向上或者向下）的直线比很小或没有斜度（平的或几乎平的）的直线在输出平均值上有更大的影响。

- 在这个例子中，货架布置直线的斜度比其他的斜度更大——意味着在销售方面它比其他因素有更大的影响。其他直线看上去是平的或者几乎平的，所以主要影响不可能很重要。

标准偏差的主要影响图

标准偏差的主要影响图

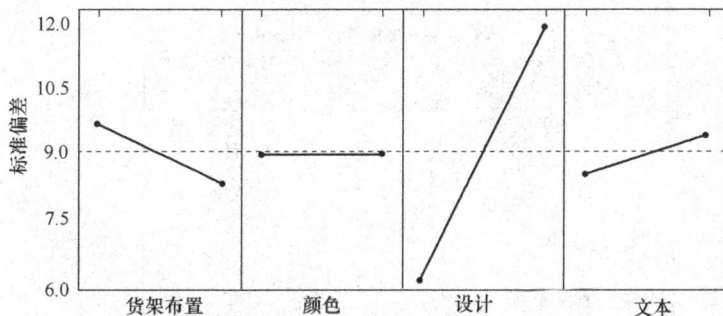

- 这些直线告诉你在因素水平之间，变化是改变了还是保持不变。

- 此外，你想对直线的斜度进行两两比较。在这里，与其他因素相比，设计有更多的变化（所以你可以期待它在一个水平上比在另一个水平上有更多的变化)。

主要因素影响和高阶相互作用平均值的排列图

标准化的影响的排列图
(响应是销售, Alpha=0.10)

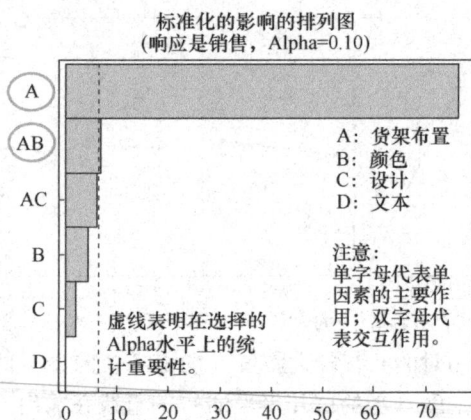

A: 货架布置
B: 颜色
C: 设计
D: 文本

注意:
单字母代表单因素的主要作用; 双字母代表交互作用。

虚线表明在选择的Alpha水平上的统计重要性。

- 你要找出其条形超出"重要性线"的单个因素(标注单个字母)和相互租用(标注多个字母)。
- 在这里, 主要因素 A 和相互作用 AB 具有重要的影响, 意味着货架布置和货架布置与颜色的相互作用对销售产生了最大的影响(与 P187 "平均值的主要影响图"进行比较)

图素和相互作用的标准偏差排列图

(响应是标准偏差, Alpha=0.10)

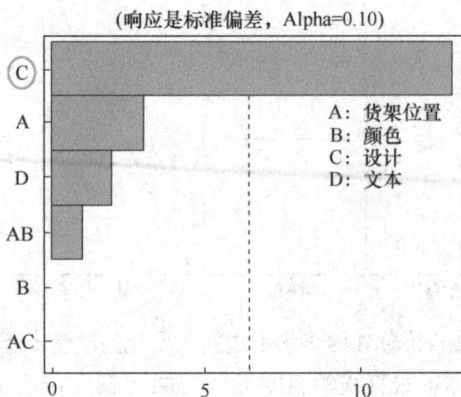

A: 货架位置
B: 颜色
C: 设计
D: 文本

- 与平均值的排列图的原理相同。
- 在这里，只有因素 C（设计）在不同水平之间有显著的变化。

Minitab 会话窗口报告

- 货架布置和货架布置与颜色的相互作用在 90% 的置信区间时是重要的因素（如果 Alpha 是 0.05 而不是 0.10，则只有货架布置是重要的）。

术语	Effect（影响）	Coef（系数）	SE Coef（标准方差系数）	T	P
常量	128.50	0.2500	514.00	0.001	
货架布置	−38.50	−19.25	0.2500	−77.00	0.008
颜色	2.00	1.00	0.2500	4.00	0.156
设计	0.50	0.25	0.2500	1.00	0.500
文本	−0.00	−0.00	0.2500	−0.00	1.000
货架布置 * 颜色	3.50	1.75	0.2500	7.00	0.090
货架布置 * 设计	−3.00	−1.50	0.2500	−6.00	0.105

小数因子拟合：销售与货架布置、颜色、设计、文本

销售方差分析（编码单元）

来源	DF（自由度）	Seq SS（平方和）	Adj SS（调整后的平方和）	Adj MS（调整后的均方差）	F	P
主要作用	4	2973.00	2973.00	743.250	1E+03	0.019
双向相互作用	2	42.50	42.50	21.250	42.50	0.108
残差错误	1	0.50	0.50	0.500		
总计	7	3016.00				

- 在 90% 的置信区间，设计是唯一对变化具有重要影响的因素。

小数因子拟合：标准偏差与货架布置，颜色……

术语	Effect	Coef	SE Coef	T	P
常量	9.0000	0.2500	36.00	0.018	
货架布置	−1.5000	−0.7500	0.2500	−3.00	0.205
颜色	−0.0000	−0.0000	0.2500	−0.00	1.000
设计	6.5000	3.2500	0.2500	13.00	0.049
文本	1.0000	0.5000	0.2500	2.00	0.295
货架布置＊颜色	0.5000	0.2500	0.2500	1.00	0.500
货架布置＊设计	0.0000	0.0000	0.2500		1.000

标准偏差方差分析（编码单元）

来源	DF	Seq SS	Adj SS	Adj MS	F	P
主要作用	4	91.0000	91.0000	22.7500	45.50	0.111
双向相互作用	2	0.5000	0.5000	0.2500	0.50	0.707
残差错误	1	0.5000	0.5000	0.5000		
总计	7	92.0000				

假设性检验中的残差分析

重点强调

- 残差分析是当生成数学模型时，对其适合性进行评估的一个标准组成部分，因为残差是对误差的最好估计。
- 在使用方差分析、回归分析或试验设计的任何时候，都可以进行此分析。
- 见 P191 的进一步指导。

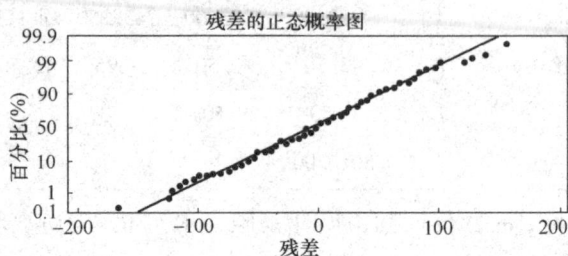
残差的正态概率图

如果数据点占据了对角线，则数据是正态分布的。

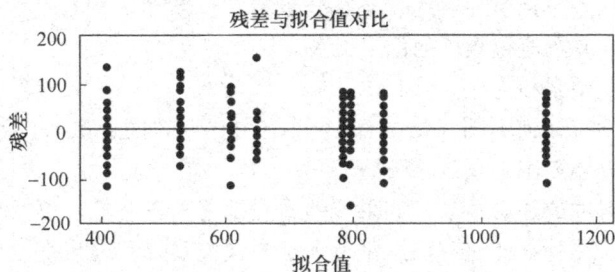

残差与拟合值对比

希望看到在所有值上相似的点的分布（这代表相等的方差）。

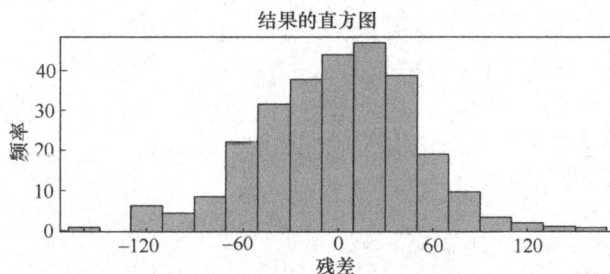

结果的直方图

直方图提供了正态性的可视化检查。

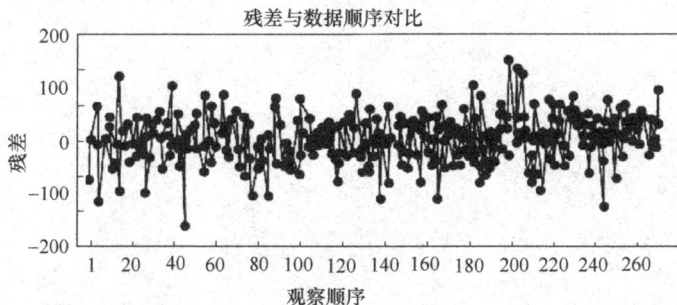

残差与数据顺序对比

　　上图中数据点的数量使这张图难以分析，但分析的原则与时间序列图相同。

解释结果

　　这些图表通常能用 Minitab 或者其他统计软件生成。对其解释基于以下假设：

- 误差都将具有相同的方差（恒定方差）。
- 残差应该是独立的、正态分布的，平均值等于 0。
- 残差图应当与任何因素无关。
- 残差之和为 0。

像检查任何不同风格的图（回归图、直方图、散布图等）一样，检查残差图。

实践中的注意事项：如果残差适度地偏离正态性，不需要过多地关注。尽管如此，我们总是习惯于去检查残差，因为它能让我们更好地了解数据。

第9章

减少前置时间和非增值成本

使用这些工具的目的

- 消除一个过程中的约束。
  - ——确保这个过程可以满足客户的需求。
- 减少一个过程的前置时间和成本。
  - ——消除非增值成本和浪费，以提高过程效率和收益。

决定使用何种工具

回顾精益的**基本概念和定义**（见 P195），然后：

- 确定在生产过程中何地以及如何利用时间：
  - ——识别**增值的**或**非增值的**（在客户心目中）过程步骤。（见第 3 章 P49）。
  - ——计算**过程前置时间**（也称为过程周期时间）（见 P195）。
  - ——确定**所需的平均完成率**（客户需求率或节拍时间）（见 P195）。
  - ——计算**过程周期效率**（见 P196）。
  - ——定位和量化**时间陷阱与能力约束**（见 P197 ~ 200）。
  - ——计算**工作站周转时间**（见 P197）。
- 将数据包含在**价值流程图**中（见第 3 章，P44）。

选择工具或方法来改善过程流和速度，取决于完成价值流程图（VSM）后你发现了什么类型的问题。

1. **供大于求**
   - 用一个补给拉式系统将输出直接和客户需求连接到一起（结合一个通用拉式系统）（见 P210）。
     - ——计算和调整批量大小到最小安全批量以满足客户需求

（见 P216）。

2. 供不应求

- 解决能力约束。专注于通过减少变动（见第 7 章）和使用本章提到的以下工具来消除非增值工作：

——减少设置、全面生产维护、错误检查、过程平衡。

3. 过程满足客户需求，但是前置时间很长且间接成本高

- 使用 **5S** 来改进工作场所的清洁和组织（见 P200），这是一项在每个工作场所都应使用的管理方法。

- 实现一个**通用拉式系统**稳定，然后减少"过程中事物（Things In Process，TIP）"的数量，从而减少过程前置时间，以便后续改进并获得最大利益（见 P207）。

- 为给定的工艺参数**减少批量大小**至最低安全批量。

- 运用精益和六西格玛改进技术，按照产生最大到最小延迟的顺序应对时间陷阱。

——如果时间陷阱是一个**非增值的步骤**（见 P49），消除它。

——如果长期设置或转换时间是一个问题，运用**四步快速设置方法**（见 P217）。

——如果停机时间是一个问题，运用**全面生产维护**（见 P223）。

——如果错误造成返工，运用**错误检验**（防错法等）（见 P226）。

——如果过程步骤的工作负载是不均匀的，运用**过程平衡**原则调整工作安排（见 P228）。

——如果需求有变动，计算**安全库存**（见 P212）。

——如果有太多变动，回顾第 7 章。

4. 过程步骤的负载不均匀导致劳动效率低下

- 应用过程平衡（见 P228）。

5. 过程涉及非常多的信息/材料的运动；过程流低效

- 利用过程流改进来减少过程步骤之间的距离和时间。见第 3 章的过程图或**工作单元最优化**（见 P229）。

6. 过程流是有效率的，但是有太多的非增值时间

- 使用**增值时间分析**（见第 3 章，P49）来查明和量化过程步骤中的非增值时间，然后用精益和六西格玛方法实施解决方案。

一旦已经实现了这些改进，使用可视化过程控制来维持收益（见 P231）。

基本的精益概念

过程前置时间（也称为过程周期时间、总前置时间或总周期时间）：从一个工作物品（产品、订单等）进入一个过程直到它离开过程的这段时间。

例：抵押贷款再融资过程的过程前置时间可以用当一个房主提出抵押贷款申请到再融资完成的时间（平均 33 天）来衡量。

过程中事物（TIP）或在制品（WIP）：任何已经进入过程但还没完成的工作项目。"工作项目"可以是任何东西：材料、订单、客户、部件、电子邮件等。

例：本月底有 3300 项再融资申请在过程中。

平均完成率（退出率或生产量）：在一个既定的时间段内过程完成的输出。

例：抵押贷款过程的平均完成率为上个月每天完成 100 项抵押贷款再融资申请。

生产能力：在连续的一段时间内过程可以交付的产品或服务（输出）的最大数量。

例：我们的过程生产能力是每天 120 项抵押贷款申请。

节拍率（客户需求率）：在一个连续的时间内客户要求的产品或服务的数量。

过程应该按照节拍率进行定时生产：过低你会让顾客失望；过高你会产生不能使用的商品。

例：抵押贷款申请的节拍率是每天 130 项应用申请。

时间陷阱：任何导致过程时间延迟的过程步骤（活动）。

例：数据录入员在把它们录入计算机之前要收集整理一整天的所有抵押贷款申请——这导致了在一天中接受抵押贷款申

请的延迟。这就是时间陷阱。

能力约束：在过程中，不能按照完成（退出）率进行生产满足客户的要求（节拍率）的活动。

例：房地产估价人员每天能够评估 120 处房产，但客户当前要求每天评估 130 个申请——估价人员就是一种能力约束。

增值（VA）时间：任何转变产品或服务的形式、适用性或功能，而客户乐意为此支付的任何过程步骤或活动。

例：抵押贷款再融资过程的增值时间的总和是 3.2h。

非增值（NVA）成本：在一个过程中的浪费。客户会愿意购买没有这些成本的产品或服务，如果这意味着价格更低。

例：打印出再融资的文件并且把它放到评估师的邮箱，就是非增值的——所有事情都应该通过电子化实现。

更多增值和非增值的概念参见 P49，下一节将介绍与精益相关的指标。

时间效率指标

本章介绍这些工具的目的是改进将时间和资源用于一个过程的方式。这里描述的三个指标能帮助你识别效率低下的原因和影响。

1. 过程周期效率（PCE）

整体过程健康的最好的衡量指标就是过程周期效率（PCE）。它是增值时间的百分比（按照客户的要求改变形式、适用性或者功能）。

$$过程周期效率 = \frac{增值时间}{过程前置时间}$$

你可以通过直接测量"过程中事物"通过过程所花费的时间来确定过程前置时间，或者利用利特尔法则（见下文）来确定其平均值。

- PCE 表明过程如何有效地将在制品转变为成品。
- 任何具有低 PCE 的过程都有很大的非增值成本，并且有很大的降低成本的机会。使用价值流程图（见 P44）可以找到这些机会。过程改进前的 PCE 通常低于 10%。

● 唯一可以改善 PCE 的方法是去掉非增值工作和成本。

2. 利特尔法则

PCE 的组成部分之一是过程前置时间，可以由利特尔法则描述：

$$过程前置时间 = \frac{过程中事物的数量}{平均完成率}$$

它表明前置时间是如何与过程中事物的数量（过程中事物也被称为在制品）和过程完成（退出）率联系在一起的。

为了改进过程前置时间，依次是改进 PCE、增加能力（平均完成率）和/或减少 TIP 或者 WIP。

3. 工作站周转时间

对于一个给定过程步骤或工作站的工作站周转时间（WTT），是在那个工作步骤中用于设置和完成所有不同"事物"（工作项目，SKU）的一个工作周期的时间。WTT 对于改进努力是重要的，因为它有助于突出强调哪一个过程步骤（时间陷阱）是需要优先考虑的。

为一个过程步骤计算 WTT

$$WTT_k = \sum \left[(设置时间_i) + (过程时间_i \times 批量大小_i) \right]$$
$$k = 过程中的步骤(动作)$$
$$i = 1 \sim n(在某个步骤中物品的数量)$$

时间陷阱与能力约束

有用的定义概述

能力：在一段连续的时间段内一个过程的最大输出。

能力约束：过程中不能按照满足客户需求的退出率进行生产的活动。

时间陷阱：任何一个导致延迟的过程步骤。

时间陷阱

● 时间陷阱在一个过程中导致时间延迟。

　　——它们有时被错误地贴上瓶颈的标签。术语"瓶颈"是不确切的，因为它并不区分注入延迟（时间陷阱）的步骤和那些无法按照要求水平运行（能力限制）的步骤。

- 时间陷阱会产生较长的前置时间，大量的下游库存和大量的在制品——但事实上可能并不是一个能力约束。

注意：时间陷阱是由于低劣的管理政策（比如，启动的批量大小远大于最小需求）、长的设置时间、机器或人的停工期或者质量问题造成的。

- 时间陷阱可能基于产品结构或特殊原因（新产品引入、特殊订单等）随时间（每月、每星期甚至每天）变化。

如果项目的目标是提高效率（库存、前置时间、输出率等），那么要专注于识别时间陷阱。首先解决向过程注入了最多延迟的时间陷阱。

能力约束

- 能力约束限制过程的能力，以小时为单位计算。
- 能力约束通常比之前或之后的步骤/操作的能力低。
- 能力约束可能根据产品结构或特殊原因（新产品引入、特殊订单等）随时间（每月、每星期甚至每天）变化。

如果项目的目标是为满足真正的客户需求以增加输出，应专注于识别能力约束。

解决时间陷阱和能力约束

- 首先解决能力约束使你能够满足客户要求，然后解决时间陷阱。
- 仅仅通过数据和计算就能够消除能力约束和时间陷阱，依靠直觉会将你引入歧途。

识别时间陷阱和能力约束

目的

量化每个步骤或动作对一个过程产生多少时间延迟。

如何识别时间陷阱和能力约束：方法 1

能力约束识别的基础是节拍率（客户需求率）分析，它把每一个过程（过程步骤）的任务时间与以下内容进行比较：

- 相互比较，确定时间陷阱。
- 顾客需求，确定时间陷阱是否是能力约束。

步骤 1：收集需要的数据

确定：

- 总客户需求（单元/时间）。
- 可用净操作时间 = 总操作时间 − 休息、午餐等时间
- 过程步骤的净资源能力（单元/时间）= 随时间推移的平均输出

步骤 2：计算节拍率（客户需求）

$$节拍率 = \frac{要处理的单元数量}{可用净操作时间}$$

$$节拍时间 = 节拍率的倒数$$

$$= \frac{可用净操作时间}{要处理的单元数量}$$

步骤 3：分析图表

- 最接近节拍率的有净资源能力的过程步骤是时间陷阱。
- 如果时间陷阱没有足够的净资源能力来满足客户需求，它同样也是一个能力约束。

任务处理时间图
客户需求率（节拍时间）=1.15min/任务

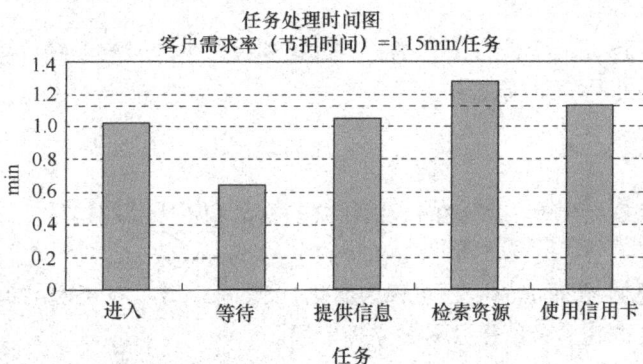

如何识别时间陷阱和能力约束：方法 2

确定哪个过程步骤是最大的时间陷阱，只需为过程中的每个步骤计算 WTT 即可。这里的 WTT 公式来自 P201：

$$WTT_k = \sum [(\text{设置时间}_i) + (\text{过程时间}_i \times \text{批量大小}_i)]$$

具有最长 WTT 的步骤是时间陷阱，它向过程中注入了最多的延迟。

采取行动

检查你为确定时间陷阱代入 WTT 公式中的数据。如果问题在于设置时间，使用四步快速设置方法（见 P217）；对于过程时间，使用 5S（如下所述）和其他流程改进工具；如果批量大小是问题，参考 P222 的分批原则。一旦得到了改进，找到新的"最大的"时间陷阱并且持续改进，直到达到你的目标。

5S 概述

目标

为了创建和维护一个有组织的、清洁、安全、高效的工作场所。

- 5S 能够使人们马上就能区分正常和异常情况。
- 5S 是持续改进、零缺陷、降低成本和有一个安全工作区域的基础。
- 5S 是一个改善工作场所、过程和通过生产线员工参与来改善产品的系统方法。

定义

整理（Sort）：清楚的辨别需要的物品和不需要的物品，并且消除后者。

整顿（Set inorder，也称为简化，"Simplify"）：在正确的地方保存需要的物品，以便容易并立即取回。

清扫（Shine，也称为打扫"Sweep"）：清扫工作区域并保持清洁。

标准化（Standardize，也称为清洁）：标准化清理（上面3个S）。

素养（Sustain，也称为自律"Self-Discipline"）：养成一个保持已建立的程序的习惯。

何时使用5S

- 每当工作场所是凌乱的和无条理的时候。
- 每当人们被要求完成一个任务而必须花费时间去寻找工具、信息等的时候。
- 在DMAIC的任何阶段。最好应用于如下情况：
  - ——在制造过程中，作为最初的改进行动之一，因为它将使其他工具更加有效，比如减少设置。
  - ——在办公环境中，作为一个随后的改进步骤，或者作为标准化和控制中交叉培训的一部分。

实施5S

S1：整理

目标：移除工作场所中不是现在生产或者任务所需的所有物品。

- 这并不意味着你仅仅移除你所知道的将不会需要的所有物品。
- 这并不意味着你仅仅以整齐的样式整理用品。
- 当你在分类时，你只留下基本必需品——"当你感到疑惑时，就移除它"。

1. 识别"红色标签"，移除潜在的不必要的物品：询问在工作场所中每个物品所需的数量。移除的典型物品包括：
- 不需要的文件、资料、参考手册。
- 积攒的有缺陷的、额外的或者不必要的物品。
- 过时的或者坏掉的工具、物资或检验设备。
- 破旧的抹布和其他清洁用品。

- 不工作的电子工具/设备。
- 过时的广告、标志、启事和备忘录。

在做当前的工作所不需要的物品上挂一个红色标签，并把它移动到一个放置区域。标签的实例如下：

红色标签		
红色标签编号		
标记日期		
部门		
类别	1	库存
	2	机床和其他设备
	3	模具、夹具和固定装置
	4	工具和供应品
	5	其他（说明）
物品		
描述		
数量		
总价值/美元		
		日期
沉积物/评估	a	移动到红色标签位置
	b	处置
	c	移动到更适合的位置
	d	放在原处

2. 评估和处理挂红色标签的（不需要的）物品

在放置区域一周后，被标记物品需要：

- 如果确定是不必要的，就要进行处置——出售、重新部署、丢弃。
- 如果确定是必需的，就保留下来。

S2：整顿（简化）

整顿意味着在这个区域中安置需要的物品并对它们进行识别和分类，以便任何人都可以找到或者放好它们。

目标：将所有需要的工作物品按照物理的工作流程放置，使它们能很容易地被定位和使用。

1. 画一幅当前状态图

显示工作场所所需的所有物料、供给、表格等的位置。

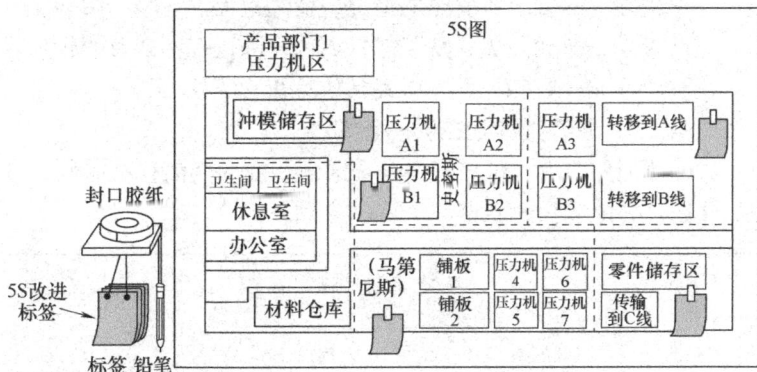

2. 画一幅未来状态图

画一幅你认为工作场所怎样布置可以更有效率和效能的图。制作足够大的图，这样人们可以在"5S 标签"上张贴改进想法。新的图应该：

- 基于动作经济原则（每件物品都在伸手所及的地方，身体动作保持最小，按使用顺序储存，等等）。

3. 可视化组织工作场所

- **画出边界以区分工作区域**：围绕一个物品画一条线，以识别它的区域/边界。一定要强调：运输车道、固定的物品、移动物体通道、走道、地面上的物品。
- **为每一个有边界的区域提供一个"家庭地址"**。这是常见的在物品所在地的"防反射板"上的标记，描述什么应归属于该区域内。标签应包含这个物品的名称、位置和一幅图片/剪影（可选）。

- 挂一个相应的标签在每一个项目（工具、设备等）上。

这个标签需要包含物品名称和地址。

S3：清扫

清扫着重去除工作区域的污垢、尘垢和灰尘。这是一项保持工作区域清洁的计划。

1. 决定清扫的目标

考虑以下方面：

- 安全——报告不安全的情况，清理地面。
- 浪费——倒垃圾，从工作区域内移除过多不必要的物资。
- 干净——打扫地面，将工具放置在隐蔽处。

2. 制订一个清扫计划表并分配职责

详细地列出职责，包括打扫哪个区域，在一天的什么时间以及打扫什么；分配清扫的职责。

IT 部门清扫任务							
周截至＿＿／＿＿／＿＿							
任务	分配给	周一	周二	周三	周四	周五	注释
IT 要求收件箱							每天一次
计算机安装							每天一次
供给表格							每天一次
修理/交换							每周一次
交换柜							每天一次
消耗品：							每周一次
打印纸							每天一次
打印机墨盒							每天一次
空白 CD							每天一次
软磁碟							每天一次
办公家具							每周一次
优先事务公告板							每天一次
存档（设备清单）							每天一次

3. 为持续的清扫过程创建规程

创建一个表来表明必须被执行的清扫任务、频率和由谁来做。

4. 为机器、设备、计算机、家具等设置定期的检查和目标

S4：标准化（清洁）

标准化意味着为日常执行的任务创建一个一致的方式，包括整理、整顿和清扫。它意味着"每次都是以正确的方式做正确的事情"。

1. 标准化小贴士

- 回顾进行整理、整顿和清扫的程序，将其融入日常工作中。
- 当一个物品不在它被指定的地方时，应该一瞥就能发现。
- 用可视化的过程控制和任何其他适当的可视化线索来帮助人们保持每一样事物都在它应该在的地方。
- 经常地安排足够的 5S 活动来维持一个干净、整齐和安全的工作环境。
- 创建 5S 协议以确定在工作场所的每个雇员担负的责任是什么。

2. 5S 协议的基础

- 界定怎么样做一项任务以及做这项任务的最好方法。
- 记录整理、整顿和清扫的步骤及指导方针：
  - ——关于使用什么样的可视化控制的指导方针、工作场所的布置标准。
  - ——物品和数量要求。
  - ——计划表，包含清扫标准。
- 记录过程步骤和其他操作说明。
- 记录所有的工作支持（用户指南、参考材料、问题解答指南）。

跟踪5S进程的雷达图

区	A	B	C	D	E
分数	16	13	19	10	10

区域：
审计员：
日期：

每个区的最高分数是 20 分。

目标是每个区尽可能地得最高分。

这个团队在分类和擦亮方面做得不错，但是在其他方面还有待加强。

S5：素养

素养意味着 5S 计划有确保持续成功的纪律。

1. 为了总结结果，创建 5S 审计表或者雷达图。为图表创建一个公司标准。

2. 为审计建立定期的时间表：

- 最低程度的每周区域监督和每月管理。
- 管理层在检查和使用清单方面的参与是很关键的。

5S 审计表的例子：

A. 整理	0	1	2	3	4	5
1 > 是否有不必要的物品（外围设备、补给）在安装桌上						×
2 > 是否有废料在供应箱中						×
3 > 是否有旧计算机（超出租期）在交换柜中						×
4 > 是否有超出必需的家具在办公室中						×
分数	0	0	0	0	0	20

B. 整顿	0	1	2	3	4	5
5 > 供应表按照图样/布局安排了吗						×
6 > 安装桌按照布局安排了吗（包括一台计算机）						×
7 > 交换柜按照布局安排了吗						×
8 > 所有人都能确定正常与不正常						×
分数	0	0	0	0	0	20

（续）

C. 清扫						0	1	2	3	4	5
9 > 桌子干净吗，保持住了吗，桌子上有杂物（不必要的物资等）											×
10 > 供应桌/箱清洁和整齐有序吗											×
11 > 清扫检查表更新了吗（分配工作了吗）											×
12 > 灰尘过滤器清洁了吗											×
	分数					0	0	0	0	0	20

D. 标准化						0	1	2	3	4	5
13 > IT 部门过程手册观点明晰吗											×
14 > IT 部门过程手册更新了吗											×
15 > 所有供应箱、交换柜和软件货架的标签完好吗										×	
16 > 本周所有安装都按照指令执行了吗											×
	分数					0	0	0	0	0	20

E. 素养						0	1	2	3	4	5
17 > 距最后一次审计不到两个星期吗											×
18 > 距最后一次部门审计不到一个月吗											×
19 > 5S 板是最新的（图片、指标、清扫等）吗											×
20 > 有人对该区域的清洁程度和组织性负责完善吗											×
	分数					0	0	0	0	0	20

区域：
审计员：
日期：

区 小计得分	A	B	C	D	E
	20	20	20	20	20

3. **建立供访问者审查的检查表**
   - 对于 5S，任何人都应该能够辨别正常的和异常的情况。

4. **庆祝成功和持续提高**
   - 通过在应该的地方给予重视，使每个人都意识到 5S 和它的益处。
   - 每周抽空开展头脑风暴，实施改进提议。

通用拉式系统

目的

对过程中事物（TIP）或在制品（WIP）设置一个界限，或者上限，这样交货时间可以被知道和可预测（利特尔法则，见

P201）。然后，可以应用改进工具，消除变动和批量的影响，从而减少过程中事物或在制品。

何时使用通用拉动系统

当前置时间对满足客户需求非常关键时，以及当非增值成本比增值成本重要时。

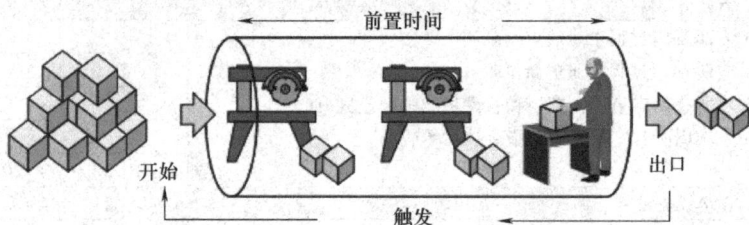

如何创建通用拉式系统

第1部分：确定在制品上限

在任何给定的时间，过程中应该有的最大数目的工件量或者事物。

1. **确定当前的过程前置时间（PLT）**
   - 选项1：通过跟踪单个工件在过程中的时间来测量前置时间。
   - 选项2：使用利特尔法则（见P197）来获得平均前置时间。

2. **确定当前过程周期效率（PCE）**

（见P196 更多的关于 PCE 的内容）

3. **识别目标 PCE**

这个目标 PCE 是基于世界级水平的过程应该运行的水平。如果当前 PCE 是：

应用	典型的 （低端）	世界级的 （高端）
加工	1%	20%
制造	10%	25%
连续型生产	5%	30%
业务过程（服务）	10%	50%
业务流程（创造性的/认知的）	5%	25%

<< 低端，将当前 PCE 乘以 10（一个数量级的进步）作为目标 PCE。

< 低端，使用低端数据作为目标 PCE。

=或 > 低端，使用高端数据作为目标 PCE。

>> 高端，走向整体流程。

4. **计算过程的目标前置时间**。目标前置时间基于过程特征的可实现的"最好的"或者最低过程周期时间。

$$前置时间_{目标} = LT = \frac{增值时间_{关键路径}}{目标\ PCE}$$

5. **计算在制品的上限**

确定在任何时间在过程中在制品的最大允许量。

$$在制品上限 = LT \times 离开系统的工件数$$

第 2 部分：将工件投放到系统

通常，当前的在制品水平将明显大于在制品上限水平。因此，需要制订一个计划来减少当前在制品，使进入系统的工件数量与退出率相匹配。

1. **对过程中的在制品计数**

2. **确定是否可以让工件进入过程**

- 如果 WIP ≥ WIP 上限，不让更多的工件进入过程。

   ——如果这将对客户造成伤害，你的选择是暂时提高生产能力以降低在制品数量，或随当前在制品进行类选，看看某些工件是否可以先放到一边不进行处理，为新工件的处理留出空间（有关类选的详细内容见第 4 步）

- 如果当前 WIP < WIP 上限，让足够的工件进入过程，达到 WIP 上限。

3. **确定你将如何知道何时将更多的工件投放到系统中**

警告：当一个过程的 PCE 接近世界级水平时，变动的影响被放大了。注意在解决变动性问题之前，不要过多减少 TIP 或 WIP，否则一个过程步骤可能"挨饿"，给过程造成一种约束！

4. **创建一个类选系统来决定将被投放到系统中的工件的顺序**

   选项 1：先进先出（FIFO）——无论什么，先到的将首先得到处理。这常用于制造业以防止物资/材料的报废或者退化。

选项2：类选——首先处理具有最高潜力的物品。例如，并不是所有的客户请求或订单对于你的公司都具有相同级别的潜力。需要设置标准来评级或排名新的工件请求，这样你就可以分辨高潜力和低潜力的请求。这常用于销售和其他服务请求。

如果你有能力进行并行处理，可替代类选的选项：通过把工件从一个超载的步骤转移到另一个步骤，或者聪明地添加/改变资源，以缩短队列（见 P217 的排队时间公式）。

5. **为维护通用拉式系统开发和实施程序**

- 识别有权力将工件投放到过程的人。
- 开发信号、警告或程序以告诉那个人什么时候 WIP 已低于上限（从而他/她将会知道何时投放工件）。

例：当人们完成一件工作物品，让他们发送警报卡或电子邮件给"控制"的人（比如，在制造业你经常会发现的看板卡片）。

- 培训处于新程序中的人们。
- 开发一个涵盖从当前高 WIP 状态到将来 WIP 上限状态这一转变时期的计划。
- 实施和监控结果，根据需要调整。

补给拉式系统

目的

通过创建一个当物品用尽时自动补充的系统，来消除物品短缺或存货过多。

何时使用补给拉式系统

对过程中的或最终的产品、供应品、消费品（或任何其他不允许供货不足或缺货的物品）使用补给拉式系统，它们应符合下列标准：

- 物品被重复使用。
- 对物品的需求是相对一致的（低变动性）。
- 库存短缺显著影响对客户的服务水平（内部的或外部的）。

如果没有一个已经到位的通用拉式系统，永远不应该安装一个补给拉式系统。

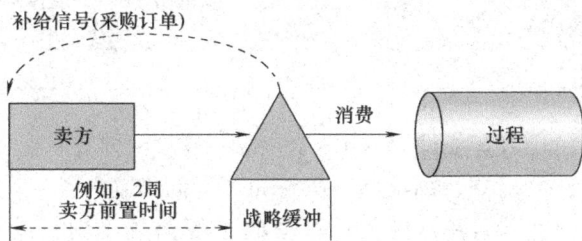

如何创建补给拉式系统

1. 确定工作需求率（DMD）：

- 每周或每日平均使用量：
  - ——基于历史记录、预测（积压）或组合。
  - ——警告：历史上的使用量可能不能反映未来业务的变化（产品或服务组合、批量增加等），所以经常需要考虑各种因素。
- 为了捕捉变化，需要经常重新计算。

处理的季节性

- 如果需求变化超过某一"障碍比率"（比如，如果需求变化 > 20%），每月进行调整。
- 使用历史数据或预测来确定进行必要调整的信号。
- 预测窗口应该至少等于以批量加权的平均滞后时间，以估计需求和订单接收之间的滞后时间。
- 使用历史/未来需求加权工具来平稳增加/降低：
  - ——较大的上升 >> 较高的预测加权。
  - ——较小的上升 >> 较低的预测加权。

2. 确定补货前置时间（LT）和订单间隔（OI）

- 补货前置时间（LT）：从当一个零件或补给已经用完直到收到新的供应品的时间（补货时间）。
  - ——对购买的物品，如供应品等，应把如下时间加在一起：①生成采购订单的时间；②供应商的前置时间；

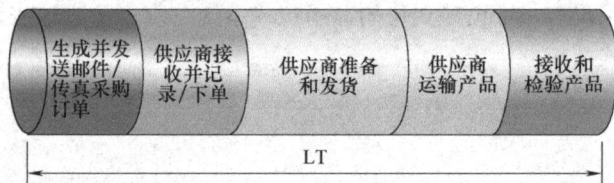

③运输时间；④接收/检验/存储时间。

——对制造的物品，应把如下时间加在一起：①生成工作订单的时间；②总的过程前置时间；③接收/检验时间。

- **订单间隔（OI）**：可以表达为订单之间的时间间隔（天、周）或者要采购的订单数量（物品数量）之间的间隔。

——变化的订单间隔允许在交易、产能和库存之间权衡。

3. 确定最优安全库存（SS）水平

有很多方法来计算安全库存，下一方法是基于经验计算和经验的。

- **关键假设**：需求通常是呈正态分布式的

安全库存(SS) = 标准偏差(σ) × 服务水平 × 前置时间(LT)$^{\beta}$

其中：

- 需求变动性 = 标准偏差（σ）（见 P108 计算标准偏差的公式）
- 期望的服务水平（缺货规模） = 相对于作为安全库存的平均值的标准偏差的值

例如：

$$服务水平 = \frac{1 \text{ 意味着安全库存采用 1 个标准偏差，}}{\text{平均 84\% 的时间不会缺货}}$$

$$服务水平 = \frac{2 \text{ 意味着安全库存采用 2 个标准偏差，}}{\text{平均 98\% 的时间不会缺货}}$$

- 前置时间（LT） = 补货前置时间
- β = 标准前置时间降低因数（设为 0.7）
- 变动系数 = $\dfrac{\sigma}{X}$

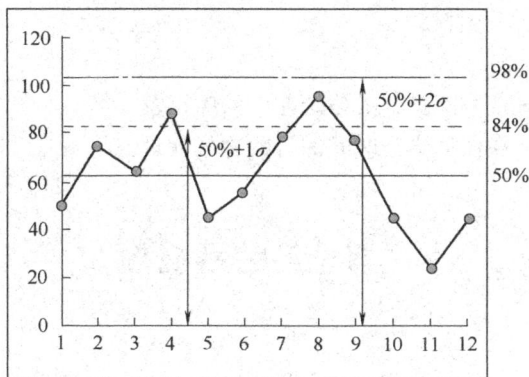

$$变动系数 = \frac{s}{\bar{x}}$$

4. 其他有用的公式

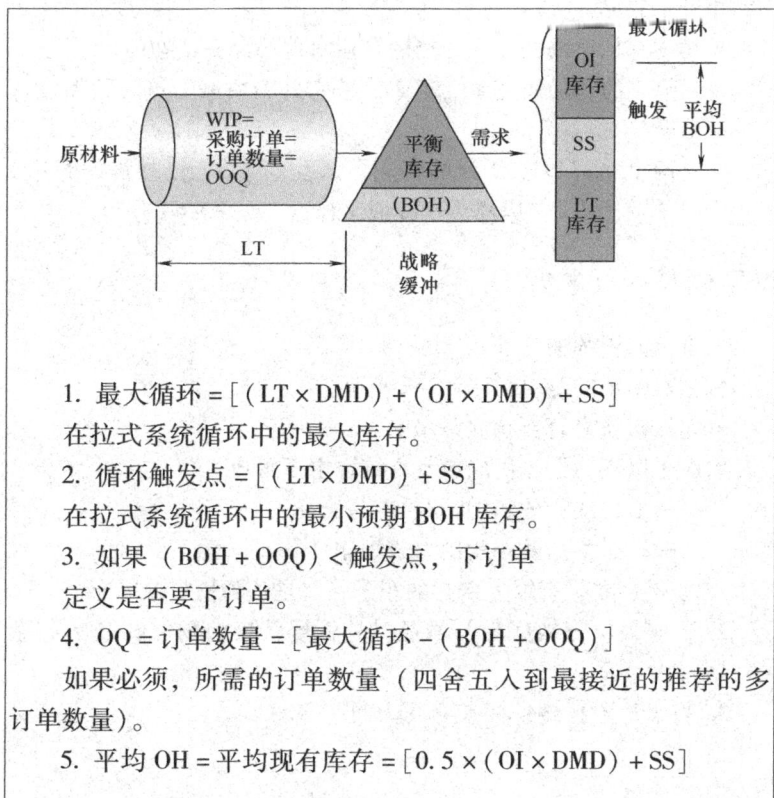

1. 最大循环 = [(LT × DMD) + (OI × DMD) + SS]
在拉式系统循环中的最大库存。

2. 循环触发点 = [(LT × DMD) + SS]
在拉式系统循环中的最小预期 BOH 库存。

3. 如果 （BOH + OOQ）< 触发点, 下订单
定义是否要下订单。

4. OQ = 订单数量 = [最大循环 – (BOH + OOQ)]
如果必须, 所需的订单数量 （四舍五入到最接近的推荐的多订单数量）。

5. 平均 OH = 平均现有库存 = [0.5 × (OI × DMD) + SS]

平均现有库存。

其中：

BOH = 现有库存，战略缓冲中的库存量

OOQ = 在任何给定时间的订购物品数量

双箱补给系统

重点强调

双箱补给拉式系统是一个简化版的标准补给拉式系统，它只采用两箱补给物品。

- 箱 1 有足够的物品在适当的阶段对使用点补给物品。
- 当箱 1 的物品用完时，箱 2 代替它补给物品，这时箱 1 进行补充。
- 这两个箱可以在"线路旁边"（生产线/工作过程的旁边）或"使用点"（紧靠生产线或工作区，见 P216 的图）。

何时使用双箱系统

- 重复使用的物品。
- 相对一致的要求/批量（低变动性）。
- 库存短缺显著影响服务水平。
- 由于以下原因，供应成本在统计上不可控：
  ——遗失或错放的物品/供应品。
  ——缺乏物品散布的纪律或控制。
1. 如果存在带有绿色卡片的箱子，总是从那里提取库存。
2. 供应人员替换库存的物品，并将要替换的物品转变为红色卡片。
3. 将卡片附在磁条标签上（为便于移动）。

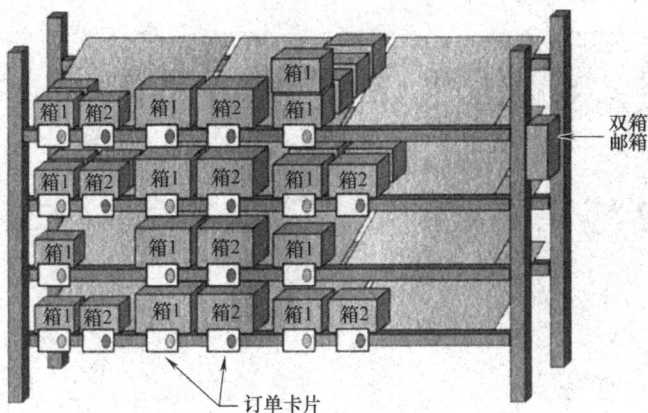

使用双箱补给拉式系统

- 其组成要素与基本的补给拉动式系统相同——需求（DMD）、补货提前期（LT）和订单间隔（OI）。
- 安全库存通常设置在 $[\sigma \times 服务水平 \times (LT)^{0.7}]$ 最大值的 1/2 处，否则取决于个别情况。
- 此外，确定箱/容器的容量。

$$箱容量 = Max(LT, OI) \times DMD + \frac{SS}{2}$$

- 这个箱并没有必要看起来像一个"箱子"：

  ——可以是一个标准的塑料箱子或托盘，或者"标准包裹"（物品船运时的容器）。

  ——对于比较大的物品，"箱"可以用附在物品上的卡片表示（当这个物品被使用之后，卡片返回给供应商）。

- 如果库存/供给库房或卖方不能划分船运数量，把箱的容量设置成盒子/容器容量的倍数。

选项 1：线路旁边补给

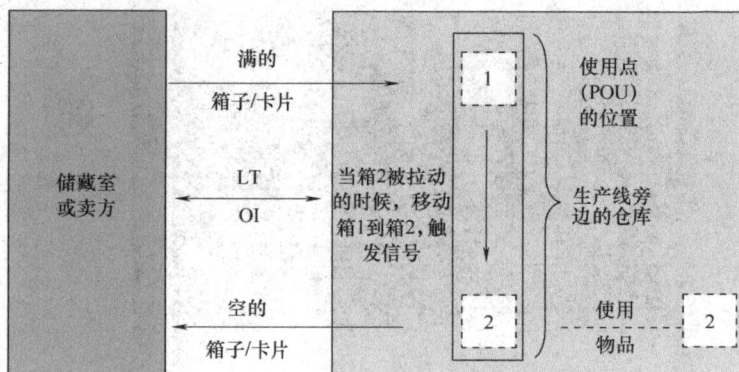

选项 2：使用点补给

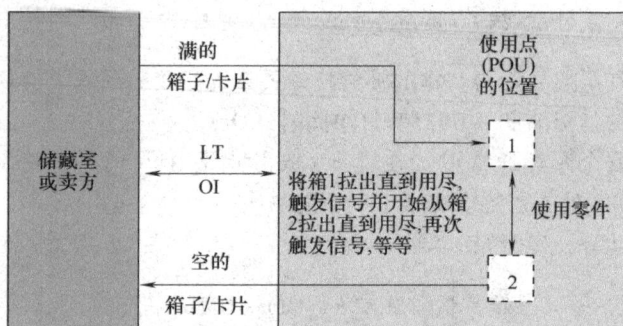

$$\text{箱的数量} = \text{Max(LT,OI)} \times \text{DMD} + \frac{\text{SS}}{2}$$

当重新进货不是问题的时候，采用双箱使用点补给。

计算最小的安全批量大小

管理政策的注意事项：通常批量大小由管理层基于 EOQ 公式或一个固定的时间段的需求（一个月的价值、一个星期的价值等）设定。这两种方法导致前置期和库存水平通常比过程需要的高 30% ~ 80%。

为了得到一个以最高效率和最低成本运行的精益系统，应该计算最小的安全批量大小。计算公式如下：

$$最小批量大小 = B = \frac{S\lambda}{2(1 - X - P\lambda)}$$

S 为设置时间；

λ 为需求率；

X 为缺陷%；

P 为每单位处理时间。

假设：所有的产品都有同样的需求和过程参数。

这个方程有一个更复杂的版本（受美国专利保护），可以在麦格劳-希尔（McGraw-Hill）2001 年出版的《精益六西格玛》一书中找到。

解决需求变动

上面的公式不解决需求的不断变化问题。两种解决方式如下：

- 制造业：额外的成品库存必须按照安全库存公式（见 P212）建立。
- 服务业：对于服务应用，安全库存是不可能的，客户必须排队等待以获得他们的增值服务时间。排队时间的公式 * 如下：

$$排队时间 = \left(\frac{服务时间}{交叉训练服务器的数量}\right)\left(\frac{\tilde{n}}{1 - \tilde{n}}\right)$$

其中，$\tilde{n}$ 为%服务器的能力

* 这个公式假定到达和服务时间服从指数分布，这对于指导过程改进是足够的。

四步快速设置方法

目的

- 在一个过程中消除时间浪费和非增值成本。
- 提高生产效率。

何时使用设置减少

- 使用于任何存在显著滞后的过程步骤（设置或转换时间），

这种滞后存在于完成一个任务之后到下一个任务达到完全效率之前。

步骤1：记录设置程序和标签，每一个可以是内部的或外部的

记录所有的设置活动并识别。具体包括：

- **内部设置**：该活动必须被过程操作员执行，即使它中断增值工作。

  ——制造业的例子：机床上交换模具/夹具。

  ——交易的例子：登录到一个计算机程序。

- **外部设置**：当设备在生产零件或过程操作员在做其他增值工作时，该活动也可以被执行。

  ——制造业的例子：检索工具和硬件。

  ——交易的例子：准备数据输入服务报价，加载软件。

工具1：设置文档工作表

机床：_____   记录人：_____

日期：_____   第1页 共_____页

工具1：设置文档工作表

序号	开始时间	项目	运行时间	内部	外部
1	0	关闭机床	0：30	0：30	
2	0：30	得到交换零件	3：00		3：00
3	3：30	从机床上移除交换零件	3：30	3：30	
4	7：00	在机床上安装新的交换零件	3：30	3：30	
5	10：30	返还交换零件到仓库	3：00		3：00
6	13：30	机床上料	1：0	1：0	
7	14：30	生成试件	0：30	0：30	
8	15：00	测量和检查	2：00	2：00	
9	17：00	调整模具	1：00	1：00	
10	18：00	生成试件	0：30	0：30	
11	18：30	测量和检查	1：30	1：30	
12	20：00	生产第一个好的工件	1：00	1：00	
		本页的总时间	21：00	21：00	
		所有页的总时间	21：00	21：00	

工具 2：区域布局

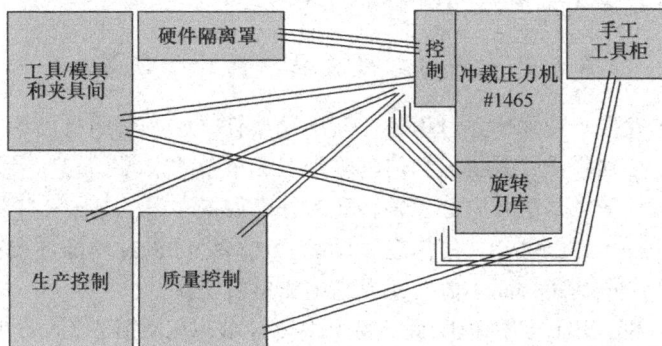

- 帮助你了解作业准备人员需要什么样的运动和动作。

小贴士：你可能会发现通过 5S 的努力可以解决布局上的低效（见 P200）。

- 使用图表来跟踪操作员/作业准备人员的路径以确定操作中的总距离。

　　——这个信息可以用来与"之后的"步行模式进行比较，以获得对工作场所变化的支持。

工具 3："之前的"时间表

用图形方式显示设置中的每个事件，突出哪个事件用时最长，为"之后的"留出空间。本节的末尾有一个例子，包括之前和之后的数据。

工具 4：改进工作表

- 对设置活动按照顺序编号，然后输入到一个工作表中。

序号	改进	步骤 1	步骤 2、3 和 4
1	移动"得到交换零件"到外部	3：00	
2	移动"返还交换零件"到外部	3：00	
	步骤中设置减少	6：00	
	总的设置减少（步骤 1、2、3、4）		
	开始设置时间（BST）		
	减少设置%		（TSR/BST）100

- 开展头脑风暴并列出改进机会。
- 估算从这个改进中净减少的设置时间。

步骤 2：尽可能地将内部设置转变为外部设置

- 专注于使你停止过程的任何活动或任务，然后问自己为什么必须停止，并找出如何消除延误或中断的来源。
- 头脑风暴法将内部设置转变为外部设置。

  ——你能做什么使信息、设备、材料等可被过程操作员有效利用，而不需要他或她中断增值工作？

  例：用计算机程序每天晚上编辑订单，从而第二天早上所有的信息都在等待订单处理员处理。

  例：使用补给拉式系统（见 P210），在操作员用完材料之前，自动提供需要的材料到工作站。

步骤 3：简化内部设置

寻找方法使任何过程操作员必做的设置更有效率。

例：重新设计工作场所，简化、减少或消除运动（例如，把手册或工具放在伸手可及的地方）。

例：当操作员输入一个名称或地址时，连接数据库自动填写完整的客户信息。

步骤 4：消除作为设置规程的部分所必需的调整工作

- 调整和测试运行在制造过程中被用于消除不精确定心、设置或尺寸加工。
- 使用错误检验（见 P226）、可视化控制（见 P231）、过程文档和其他任何你能想到的方法，以确保设备设置、零件放置等每一次都可以完美地执行。

  ——放弃对直觉的依赖。做研究以获得在什么条件下什么设置最好、什么程序带来最准确的零件放置等的数据。

记录结果

突出向外部设置的转换

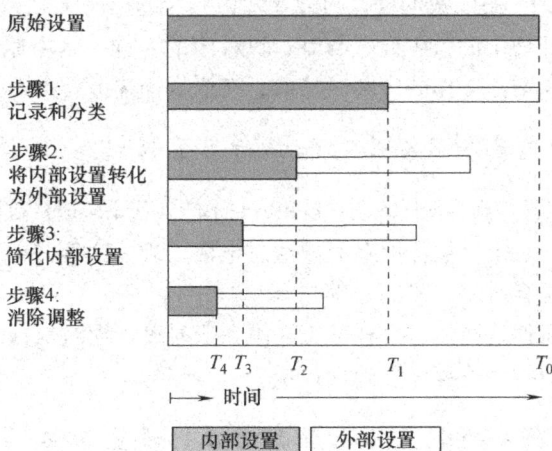

原始设置	
步骤1： 记录和分类	
步骤2： 将内部设置转化 为外部设置	
步骤3： 简化内部设置	
步骤4： 消除调整	

T_4 T_3　T_2　　T_1　　　　T_0

⟶ 时间 ⟶

内部设置	外部设置

之前/之后表

事件时间：_____

顺序	事件	之前/ 之后	1 min				2 min				3 min				4 min							
			15	30	45	1	15	30	45	1	15	30	45	1	15	30	45	1				
1	关闭机床	之前																				
		之后																				
2	得到交换零件	之前																				
		之后																				
3	从机床移走交 换零件	之前																				
		之后																				
4	在机床上放置 新的交换零件	之前																				
		之后																				
5	将交换零件返 回仓库	之前																				
		之后																				

对服务过程调整进行四步快速设置

（见 P217 关于减少设置的背景知识）

事务处理中的减少设置与制造过程中的一样，基本原理是相同的：想减少增值工作的中断。然而，在语言描述上有点儿不同。

步骤1：记录和区分串行和并行设置活动

串行事件是当其他任务正在被完成时不能（或不应该）执行的活动。

例：当一个出纳员面对面或通过电话处理一个客户的事务时的所有活动（不想让客户等）。

并行事件是当另一个任务正在被完成时可以同时执行的活动。

例：加载软件程序、处理数据。

步骤2：将串行设置活动转变为并行设置活动

- 目标：将设置活动转给其他人、活动或过程（从而它们不再扰乱增值工作）。
- 使用头脑风暴法和多轮投票法来识别和选择改进意见。
- 考虑时把影响/效果包括在内（见 P258），以帮你优先选择首先测试的改进意见。
- 从步骤1重新审视串行事件并验证它们实际上是串行的（利用你的创造性思维，看看是否存在你认为是串行的事件，实际上可以并行执行）。

步骤3：简化剩余的串行活动

- 简化、减少、消除运动。
   例：移动打印机/复印机与步行去取硬式输出。
- 在可能的情况下使用电子辅助设备。
   例：条码与打字/书写，电子记事本（可以连接到主数据库）与手写笔记。
- 管理系统/网络需求。

例：计算设备离线排序不同的需求（见麦格劳 - 希尔 2003
年出版的《精益六西格玛服务》一书）。

步骤 4：消除调整/标准化工作

- 在串行设置工作中检查"上升"（ramp up）时间——减少输出的任何时间。
- 询问是什么阻止了过程在那些时间段的全速操作。
- 用创造性思维方法解决那些问题。

  例：如果人们需要查找信息，可以通过连接数据库和关键字搜索获得。

全面生产维护（TPM）

目的

减少计划内和计划外的停工时间，从典型水平的 30% 降到 5% 以下。

有用的定义

预防性维护：根据时间（例：每个月）或使用（例：每 1000 单位）的定期维护。

预见性维护：基于信号或诊断技术表明设备恶化，所执行的设备维护。

两者都是常识性方法，用于积极地维护设备，消除计划外停机时间并提高操作和维护之间的合作水平。

何时使用 TPM

- 当计划内和计划外停机时间导致较低的过程周期效率（PCE）时使用。

如何进行 TPM

前期工作：评估当前操作条件

- 评估机床利用率、生产率等（见下表）。

- 记录维护维修成本（零件和人工）。

有效性

A. 总有效时间_____ min

B. 计划停机时间（中断、会议、预防性维修等）_____ min

C. 运行时间 A – B _____ min

D. 意外停机的时间 1 + 2 + 3 = _____ min

        1. 故障时间_____ min

        2. 转换时间_____ min

        3. 小的停滞_____ min

E. 净开动时间 C – D _____ min

F. 有效率 E/C × 100 _____%

性能

G. 加工数量（合格品和次品的总数）_____单位

H. 设计的前置时间（理想的）_____ min/单位

I. 性能百分比 $[(H \times G)/E] \times 100$ _____%

质量

J. 总拒收_____单位

K. 质量百分比 $[(G - J/G)] \times 100$ _____%

整体设备效能（OEE）

整体设备效能 $F \times I \times K =$ _____%

解决阶段 1：使设备返回可靠的状态

检查和清洁机床，确定所需要的维修并标记需要注意的缺陷。

1. 彻底清洁机床（由所有的团队成员来完成）。

    ——清除残骸和修复物理缺陷。

    ——彻底去除油污。

    ——使用压缩空气清洁控制器。

    ——更换过滤器、润滑剂等。

    —— 润滑运动零件和关节。

    ——移除不必要的工具、硬件、供给品等。

2. 放置一个彩色标签或便条在需要修理的区域上，在项目笔记本上记录所有需要维修的内容。

需要写在标签上的信息：

  ——机床的资产编号。

  ——位置和机床上缺陷的相对位置。

  ——发起者的名字和日期。

标签的颜色编码：

  ——漏油：橙色。

  ——冷却剂泄漏：绿色。

  —— 空气泄漏：黄色。

  ——机器缺陷：粉色。

  ——电路问题：蓝色。

3. 执行维修：

- 生产主管必须使机床可用。
- 经理/主办人有责任确保标记问题已被解决（例如，通过指派个人或团队）。
- 任何有资格的人都可以参与实际维修。

解决阶段 2：消除故障

1. 检查来自阶段 1 的缺陷标签。

2. 消除导致故障的因素：

- 检查和拧紧所有紧固件、连接件、螺母和螺钉。
- 更换任何缺失的零件。
- 更换任何损坏、磨损或错误尺寸的零件。
- 解决所有引起泄漏、溢出、喷射和泼溅的原因。

3. 提高零件或区域的可达性，这样你可以定期清洁、润滑、调整、检查。

解决阶段 3：开发 TPM 信息数据库

- 记录所有预防性和预见性的维护程序。

  ——通常由一个团队来完成。

  ——文档应该包括每一项任务由谁负责执行以及执行这个任务的频率。

解决阶段 4：消除缺陷

1. 通过培训操作人员的预防性和预见性维护（PM）技术以尽早发现问题。

——必须培训操作人员所有规定的 PM 技术。

——操作人员负责按照文件的要求执行 PM。

——生产主管确保 PM 是有效的。

2. 安置可视化控制（详见 P231）

例：在适当的位置张贴润滑标语牌。

例：标记所有的空气、水、气、冷却线路。

例：5S 审计分数公布。

3. 通过用适当的技术培训维修人员，帮助防止将来的故障。

- 预防/预见性维护程序通常由维修和生产部门共同安排。

4. 实施 5S 内部管理和组织（见 P204）。

5. 定期审核和改善机床性能。

- 定期与维护和生产部门举行联合的 TPM 检查。

- 跟踪正在进行的活动的进展。

- 确定将来要改进的区域。

- 在需要的时候启动纠正措施。

- 使用 TPM 指标（如下）。

6. 提高安全性。

- 为你的企业使用任何安全规程标准（停工/挂牌程序、适当的提升技术、使用个人防护设备）。

TPM 指标

与任何过程一样，指标需要监控过程性能并且理解从 TPM 工作中取得的成果。

操作设备效率（OEE）

$$OEE = 可用性水平 \times 操作水平 \times 质量水平$$

平均故障间隔时间（MTBF）

平均维修时间（MTTR）

错误检验和预防（防错法，Poka-yoke）

目的

错误预防是指能够在错误发生之前阻止它。

例：很难或不可能产生有缺陷的产品的机器操作，不需要人的协助。

例：在一个过程中建立的电子清单。

错误检验是指使错误不可能传递到过程的下一步骤。

例：防止缺陷或花费不高地检查每一个物品以确定是否有缺陷的设备或系统。

例：软件编程时，直到所有的信息都输入到一个表中之后，才能移动到下一个步骤。

何时使用错误预防和错误检验

当返工修正错误或过程延迟，下游过程（也许由于缺乏信息或材料所造成）损害过程周期效率时。

两个防错系统

A. 控制/预警方法

- 当错误发生时，关闭过程或向相关人员发出信号。

- 用刻度盘、灯光和声音提醒注意错误。

- 阻止可疑的工件继续移动，直到过程步骤完成。

- 当检测到违规时，过程停止（如果实现防错成本过于昂贵时，这可能是必要的）。

- 达到零缺陷的高性能。

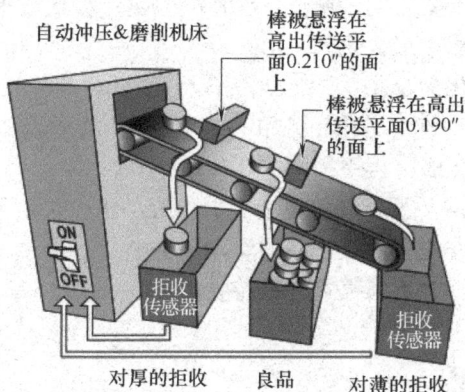

B. 预防方法
- 采用方法不让错误产生。
- 100% 消除错误（100% 零缺陷）。

七步防错法

1. 描述缺陷及其对客户的影响。
2. 识别发现缺陷的过程步骤和缺陷是在哪个步骤产生的。
3. 详述造成缺陷步骤的标准程序。
4. 识别标准程序中的错误或对标准程序的背离。
5. 调查和分析每个背离的根本原因。
6. 采用头脑风暴法尽早消除或检测背离。
7. 创建、测试、验证和使用防错装置。

过程平衡设计原则

如果因为工作是不适当地进行平衡，整个前置时间将遭受影响（见 P52 节拍时间图）。使用以下原则来帮助你识别改进：

- 运动最小化。
- 在试图缩短前置时间之前，首先稳定它。
- 资源效率最大化。
- 过程步骤的数量最小化。
- 在过程步骤之间平衡任务/劳动。
- 空间利用率最大化。
- 节拍变化最小化。
- 非增值环节（运输、备用、动作浪费）最小化。
- 需求变化时，再平衡的需要最小化。
- 批量变化（组合产品类别需求）最小化。
- 柔性最大化以允许产品的引入和中止。
- 使用培训并不断强化以维持收益。

工作单元优化

目的

减少完成一个任务或一组任务所需的时间，消除错误发生的机会。

何时使用工作单元优化

当有着低效的工作流程时（太多的人或材料的运动）。

单元设计原则

——在同一个地点安排相关的工作，使用单元布局。

——对员工进行交叉培训以适应多样化的工作，创建柔性的劳动力。

——机床和资源布局遵循过程次序。

——小而廉价的设备。

——单件流程处理。

——方便的移动/站立操作。

——生产符合节拍（客户购买这种产品的速度）。

——定义标准操作。

——移除授权障碍。

如何优化工作单元的设计

你永远不会一次就能得到完美的设计——先将工作单元设计就位，然后使用操作者反馈和过程性能对布局/设计进行调整。

阶段1：准备工作

- 稳定整个过程的前置时间。
- 消除零件短缺。
- 确保在总体上的过程满足客户需求（要求、质量）。

阶段2：重新设计一个工作单元

1. 为每个操作者设计多台机床或多个步骤（布局、流程），但通常起初配备人员过多（不要牺牲品质关键点）。

2. 决定原材料和 WIP 仓库坐落在哪里。

3. 选择一个单元设计（见下面的选项）并使之就位。

4. 应用操作改进来减少批量大小。

5. 应用生产线平衡原则（见 P228）平衡任务时间。

   - 最终目标是批量大小为 1（称为连续流水线制造/单件流水作业）。

工作单元优化：设计选项

U 单元

   - 容易看清整个产品的路径。
   - 操作人员容易操作多台机床。
   - 到达/来自单元的物料搬运通常在单一位置。
   - 促进过程的所有权。

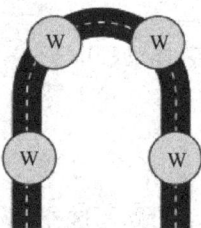

T 线

   - 适用于需要两个或两个以上输入来源（其他单元）的产品。
   - 也适用于运行两个（或更多）具有共同操作的不同最终产品的单元。

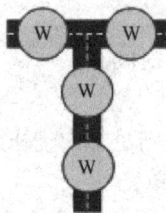

Z 单元

- 适用于围绕标志物（结构梁、烤箱和加工中心等）或其他能力限制（接收、运输等）构造单元。
- 仍然允许操作人员管理不只一台机器/一项操作。

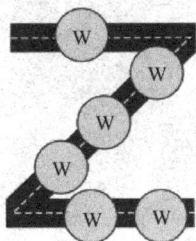

可视化过程控制

重点强调

可视化控制包括在工作场所的多种显示和可视化标记。

- 建立并张贴工作优先级。
- 可视化地显示日常表现是否达到预期："今天是美好的一天还是糟糕的一天？"
- 更好地理解输入和生产的流程。
- 快速识别异常情况。
- 显示使用中的标准化方法。
- 传达绩效指标。
- 显示所有影响安全和有效运行的关键因素的状态。
- 为团队成员、监督人、管理人员提供反馈并收集来自他们的反馈。
- 消除对会议的需要。

安全指标

节拍板/生产总结板

- 节拍板监控过程输出或过程步骤，这样就可以判断它是否满足客户的需求。
- 节拍板应提供至少三种关键信息：
  ——正在做的工作（要具体）。
  ——所需的速度（完成速度）。
  ——实际完成速度。

节拍板：订单输入部门				
昨天：	443	订单	1.61	订单/h
今天	440	订单	1.66	订单/h
时间	预定	实际	出入	注释
上午 7~8 点	60	53	−7	系统停机 5min/次
上午 8~9 点	60	59	−8	
上午 9~10 点	45	48	−5	
上午 10~11 点	60	61	−4	
下午 11~12 点	30	34	0	晚午餐
下午 12~1 点	60	59	−1	
下午 1~2 点	50	50	−1	
下午 2~3 点	40	41	0	
下午 3~4 点	35	35	0	超过 7min：软件问题
总计	440	440		

生产/过程板

问题板用来交流关于改造项目或者持续的过程管理的信息。

过程概要

列出工作场所的有关信息：

- 在过程中的工作。
- WIP 的数量及其货币价值（成本或潜在收入）。
- 日常节拍率。
- 生产率。
- 实际与期望的输出、前置时间的比较。
- 未解决的问题——分为工作团队可以处理的和他们需要从具有特定专业知识的人（工程师、律师等）或从权威（赞助商或经理）那里获得帮助才能处理的。

仪表盘的指标

- 直通率
- 准时交货
- 每周平均节拍率
- 设备正常运行时间/停机时间（出错维护）
- 生产率
- 西格玛水平

人员技能与培训板

	车床	数控机床	磨削	检验	装配
凯特					
马克					
路易斯					

没有培训　　　在培训中　　　需要援助　　　全面培训　　　培训员

一个列出个人和总结他们关于期望的培训状态的张贴板，可以帮助设置培训优先级，以及帮助员工知道向谁去请教特定的问题。

5S 板

展示 5S 项目的状态：

整顿图

标准化检查表

5S 审计结果（检查表）

5S 审计结果（蜘蛛图）

改进行动计划

之前/之后的照片

第 10 章

复杂价值流程图和复杂性分析

使用这些工具的目的

精益六西格玛工具通常用于研究只有单个产品或服务的情况。例如，P44 的价值流程图只遵循一个大批量产品系列流程。但是，通常在非价值增加时间和成本中占比重较大的却是多样性的产品和服务（尤其是来自小批量产品的影响）。

这些工具的目的是帮助你诊断和量化你的业务单元或价值流的复杂性概率。（关于复杂性分析及企业范围战略方法的更多信息，请参考麦格劳-希尔 2004 年出版的《征服你业务中的复杂性》。）

复杂性工具概述

1) **产品/服务系列网格**（见 P236），对产品和服务系列进行分类，这基于它们使用的过程步骤和消耗的成本，作为复杂价值流图的预备工作（允许你表现所有的多样性，而不需要把每一个单个产品或服务的每一个过程步骤画出来）。

2) **复杂价值流程图**（见 P237），可视化地描述了过程中多个产品或服务的组合流程，可以突出显示复杂性在哪里有最大的影响。

3) **复杂性公式**用于评估复杂性对过程周期效率（PCE）的影响（见 P239），用于诊断哪些过程因素造成低的 PCE。

4) **复杂矩阵**（包括 PCE 破坏的计算，见 P240～242），这个表允许你比较在每一个主要的过程步骤中用于产品或服务的过程效率。其目的是回答如下问题：我们遇到的是一个过程问题或一个产品/服务问题？

5) **子结构分析**（见 P242），说明在产品或服务中，通过利用公共的工件、程序等以减少复杂性的机会。它也作为一种检查，预防消除那些可以用很少的精力就能变得不复杂的产品或服务。

6）**假设分析**（见 P244），允许量化降低复杂性的选择所造成的影响。

产品/服务系列网格

目的

● 帮助你确定在何处把有限的资源集中在数据收集和观测，以便可以用最少的时间和精力创建一个完整的复杂价值流程图。

扩展量/1000美元	利润	服务	过程步骤						系列级别
			应用	进程	信用检查	评估	审检	结束	
1040	20%	再融资可调整利率抵押贷款	×	×	×	×		×	A
5200	2.5%	再融资固定资产	×	×	×	×		×	A
1560	1.8%	新房可调整利率抵押贷款	×	×	×	×	×	×	B
2600	2.2%	新房固定资产	×	×	×	×	×	×	B
520	1.5%	房屋净值	×	×	×	×		×	C
780	1.4%	信贷额度	×	×	×			×	D

何时使用产品/服务系列网格

- 在创建复杂价值流程图以识别包括在图中的代表产品或服务之前。

如何创建产品/服务系列网格

1. 列出一个业务部门或者你项目内部的价值流中的子过程，放在矩阵的顶部。
2. 把每项产品和服务列在旁边。
3. 具体标注哪些产品/服务对应哪些过程。
4. 基于流程相似性，把产品或服务归入系列。

　　——可以包含其他因素，例如，每个单元的处理时间。

　　——上文的网格来自一家金融服务公司，识别出四个独立系列的服务。理论上，他们可以将"房屋净值"（系列C）与组成系列 A 的两个选项进行归为一个系列。但是，他们决定继续把资产贷款作为单独的系列，因为这样它的量远低于系列 A 中的选项。系列 B 的选项全部需要检查；系列 D 是唯一一个不需要评估的资金提供。

小贴士

- 小批量资金的提供对于复杂性会产生不成比例的影响。尽管可以将几个小批量资金的提供归为一个单独系列，但是不要把它们与大批量资金的提供归为一个系列。
- 旨在把产品/服务归为 3 ~ 10 个系列。

复杂价值流程图（CVSM）

目的

- 可视化地捕捉多个产品/服务流过同一个过程时所带来的影响。
- 捕获帮助诊断复杂性的关键过程数据。这些数据将被输入复杂性公式。

何时使用复杂价值流程图

- 在执行复杂的分析或在你的过程处理多个产品或服务时。

如何创建复杂价值流程图

起始的说明同价值流程图（VSM）一样（见 P45）。

1. **从每个系列中选择一个代表性的产品或服务**（基于一个系列网格，见 P236）。
2. **运行过程就好像你是每个产品或服务，并收集以下数据：**
   - **每项活动的评估成本**：是总成本，不是每项的单一成本。
   - **处理时间（P/T）**：总花费的时间，分为每一服务或产品类型的单位增值和非增值时间。
   - **转换（设置程序）时间**：从一个服务或产品转换到另一个服务或产品所需的时间，包括一个人转换任务后达到全速的时间（学习曲线成本）。
   - **队列时间**：项目等待处理所花费的时间。
   - **缺陷和返工**：过程产出中缺陷和返工的数量（和/或百分比），以及"修复"在每个活动中有缺陷的服务或产品所需要的时间和成本。
   - **需求率（也称为节拍时间）**：每种类型的服务或产品的客户需求率。
   - **提供数量**：在活动中处理不同服务或产品的数量。
   - **正常运行时间**：每天的工作时间减去休息和中断时间。
   - **过程中的事物或在制品**：在每一过程步骤中的项目（物理的、纸张、电子的）的数量。
3. **使用创建价值流程图的说明**（见 P45）。使用独特的符号来表示每个产品或服务系列。下面的示例显示了金融服务公司的三个系列。

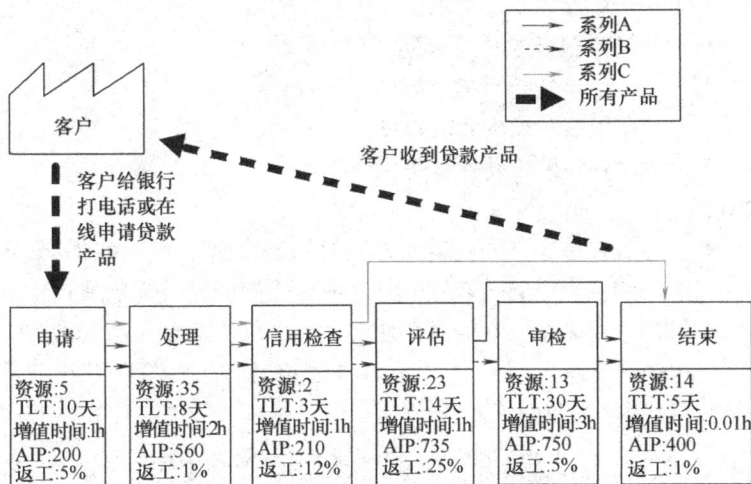

系列A
系列B
系列C
所有产品

客户

客户给银行打电话或在线申请贷款产品

客户收到贷款产品

申请	处理	信用检查	评估	审检	结束
资源:5	资源:35	资源:2	资源:23	资源:13	资源:14
TLT:10天	TLT:8天	TLT:3天	TLT:14天	TLT:30天	TLT:5天
增值时间:1h	增值时间:2h	增值时间:1h	增值时间:1h	增值时间:3h	增值时间:0.01h
AIP:200	AIP:560	AIP:210	AIP:735	AIP:750	AIP:400
返工:5%	返工:1%	返工:12%	返工:25%	返工:5%	返工:1%

AIP = 过程中的申请数量（WIP）

TLT = 总的交货时间

过程周期效率

过程周期效率（PCE）是一种评价过程运行好坏和比较不同过程的最有用的指标。

$$过程周期效率 = \frac{价值增值时间}{过程前置时间}$$

复杂性公式

复杂性公式将 PCE 公式分解为其组成部分，应将它运用于寻找降低 PCE 的因素。

$$PCE = \frac{2V(1 - X - PD)}{N(2A + 1)S}$$

V 为过程中的总增值时间（注意：在许多情况下，可以使用处理时间代替增值时间，故 $V = AP$）；

X 为有质量缺陷的产品或服务的百分比；

P 为每个单元的处理时间；

D 为产品或服务的总需求；

N 为一个活动所执行的不同的任务数；

A 为过程中活动或步骤的数量；

S 为过程中的最长设置时间。

注意：

- 上述方程是完整的复杂性方程的一个简化版本。例如，假定需求和处理时间没有变化。这种形式能够充分提供有用的见解。应用完整版本的复杂性公式，可以构造更复杂的形式以模拟更复杂的案例（详情参考麦格劳-希尔 2004 年出版的《征服你业务中的复杂性》）。

复 杂 矩 阵

目 的

发掘模式并了解最大的问题是否与某个产品或服务系列，或者产品或服务通过的过程有关。

服务	过程步骤 1	过程步骤 2	过程步骤 3	过程步骤 4	每一系列的总数
A	1.9%	2.3%	1.4%	5.9%	11.5%
B	4.3%	2.8%	6.0%	6.0%	19.1%
C	12.8%	12.7%	14.4%	31.0%	70.9%
D	38.2%	47.6%	18.3%	17.5%	121.6%

PCE 降低的数据

何时使用复杂矩阵

在复杂价值流程图之后，使用复杂矩阵分析 PCE 降低的类型和程度。

如何创建复杂矩阵

1. 计算每个供给的 PCE 降低（见下文）。
2. 把数据输入如下所示矩阵。

结果说明

有过程问题的矩阵

如果出现一个过程问题，纠正措施可能包含传统精益六西格玛行动，例如，提高质量，缩短前置时间或者减少在制品等。

服务系列	过程步骤 1	过程步骤 2	过程步骤 3	过程步骤 4	每一系列的总数
A	1.9%	2.3%	1.4%	5.9%	11.5%
B	4.3%	2.8%	6.0%	6.0%	19.1%
C	12.8%	12.7%	14.4%	31.0%	70.9%
D	38.2%	47.6%	18.3%	17.5%	121.6%

通常步骤 4 的 PCE
降低水平最高

有产品/服务问题的矩阵

服务系列	过程步骤 1	过程步骤 2	过程步骤 3	过程步骤 4	每一系列的总数
A	1.9%	2.3%	1.4%	5.9%	11.5%
B	4.3%	2.8%	6.0%	6.0%	19.1%
C	12.8%	12.7%	14.4%	31.0%	70.9%
D	38.2%	47.6%	18.3%	17.5%	121.6%

系列 C 和 D 的 PCE 降低水平
比系列 A 和 B 高得多

如果发现一个产品/服务的问题，传统精益六西格玛方法可能就没那么有效，因为导致 PCE 降低的原因不是过程步骤，而是产品本身。可选择的措施包括分层提供或增加共性（减少零件、组件、供应商、形式等的数量）。其他措施包括：通过不同的（和更低的成本或独立的）传递通道分流产品；改进设计或配置；可能地外包或消除供给。

PCE 破坏计算（用复杂矩阵）

复杂矩阵的核心是被称为 PCE 破坏（PCED）的数值。

$$PCED = \frac{\left(\dfrac{\text{除目标外所有步骤的 PCE} - \text{基准的 PCE}}{\text{基准的 PCE}}\right) \times 100}{\text{需求}}$$

PCED 公式有三个重要方面：

1) 对于不同系列，比较有和没有特定步骤的供给的过程——公式中的"除目标外所有步骤减去基准"部分。这就像在问："如果我们为了这一供给而删除这个步骤，PCE 将会如何？"

2) 影响程度用一个比率或"有"和"没有"数据与基准数据的百分比表示。这意味着可以得到大于 1（等同于 100%）的数字。

　　● 例如：如果当取消一个供给时，PCE 从 1% 升到 4%，则这种供给毁掉了 3% 的 PCE 或 3 倍的基准 PCE。

3) 根据需求调整这一比率，所以最后 PCED 数字是一个"每单元"的数据。

　　● 例如：假使使用上面第 2 点中的数据（PCE 从 1% 增加到 4%）来表示小批量（比如，10 个单元）和大批量（比如，100 个单元）供给，则对于小批量供给 PCED 是 30，而对于大批量供给 PCED 是 3。

　　● 采用"每单元"制的 PCED 的重点是强调小批量供给比大批量供给对 PCE 的影响成比例增加。

较高的 PCED 数字总是比较低的 PCED 数字更糟。什么是"高"和什么是"低"，取决于你的具体情况。与低的 PCED 数字相比，高的 PCED 数字意味着一个特定组合的供给和过程会消耗更多 PCE。

子结构分析

重点强调

● 子结构分析关注在给定的价值流中供给的组成部分之间所表

现的共性。

- 对于制造作业来说，存在用于各种最终产品的零件编号的更好的文档，子结构分析更容易操作。同样，在服务业中也是如此。
- 其目的是揭示可以合并的重复的和接近重复的组成部分，以减少产品/服务设计和配送的复杂性。

在制造业中

1. **定位和比较任何列出零件、材料、过程步骤的文档。**
   - 在制造业中，这通常是在物料清单（BOM）中（参见下文）。
2. **寻找不同产品之间隐藏的共性。**
3. **识别增加共性（减少零件、组件、供应商等的数量）的方法。**

来自发电机公司的两个物料清单（BOM）的片段，两个框架仅有四个不同的零件。

项目	数量
.frm102432assm.4	
..hp1024321.3	1
...scr3/811.25c	4
...plt10429.12	2
..hp102432r.2	1
...scr3/811.25c	4
..plt10428.08	2
..bar104239.1	3
..plt402193.3	
..scr1/411.5c	6
..scr1/411.4f	4
..scr5/1611.5c	2
..nut1/4c	6
..nut1/4f	4
..nut5/16c	2
..decal119382	1
..decal139284	1
..decal193827	2

项目	数量
.frm95684assm.2	
..hp1024321.3	1
...scr3/811.25c	4
...plt10429.12	2
..hp102432r.2	1
...scr3/811.25c	4
..plt102312.1	2
..bar104239.1	3
..plt402193.3	1
..scr1/411.5c	6
..scr1/411.4c	4
..scr5/1611.5c	2
..nut1/4c	6
..nut1/4c	4
..nut5/16c	2
..decal119382	1
..decal132933	1
..decal193827	2

这两块板被设计用于安装两种电动机。实际上除了钻孔的位置不同之外，它们是相同的。通过进行一个小的设计改进，可以用一个零件代替以上两个零件。

选择粗牙和细牙螺钉（和相应的螺母）不重要，并且对于设计没有工程上的影响。

不同的贴花表示的是同一信息的更新的版本。

这个公司把两个框架的物料清单作比较，这两个框架被当作完全独立的组件。他们发现两个框架除了四个零件之外共享所有零件，其中三个并没有增加框架的任何形状、功能或特征。该公司发现了可以用于简化产品设计与制造的共性（这减少了非增值工作，并会改进 PCE）。

在服务业中

- 比较信息在服务中并不容易得到，所以须主动挖掘。
- 尝试记录在不同过程中纸上作业的类型、软件运用的共性、公共的过程步骤（或许在价值流程图中有所显示）等。

用复杂矩阵数据进行假设分析

重点强调

- 观测被提议的过程或供给变化对 PCE 破坏的影响，如子结构分析或改进精益六西格玛。

运用假设分析

1. 为了解决一个特定的复杂性问题，确定可能的行动过程（解决一个过程问题或产品问题）。

2. 确定在复杂矩阵中这些变化是怎样影响 PCED 数据的。如果提高质量，使部件标准化，减少安装时间，消除一个产品或通过另一个渠道重新定向，会有什么影响？

案例1：删除一个过程步骤的影响

使用 CVSM 数据，一个公司决定去探究如果他们删除了某个在过程中导致很多非增值成本的步骤，将会发生什么。如果其他一切保持不变，那么影响如下：

过程中的步骤数 = 9（小于 10）

安装时间 = 0.8h（小于 1h）

处理时间 = 0.0009h/pc（小于 0.001）

从复杂方程可以得到：

新的在制品（WIP）水平 = 40366pc

（注意：在制品已根据过时的库存进行了调整）

新的过程前置时间（PLT）= 40366 ÷ 467 = 86.4h

PLT 从 120h 减少到 86.4h

WIP 从 56000 降到 40366

为了衡量全面的影响，利用 PCE 公式的基本版本，进行快速计算：

PCE = 增值时间（VA）÷过程前置时间（PLT）

VA 保持不变（仍然生产相同数量的相同工件）

PLT 现在是 86.4h

新 PCE 数据 = 2h/86.4h = 2.3%

新 PCE 数据 – 旧 PCE 数据 = 2.3% – 1.6% = 0.7%，PCE 增加了

PCE 的这个变化表示被删除的步骤损耗了 0.7% 的 PCE。这代表该过程超过 40% 的 PCE 提高。

案例 2：删除供给系列的影响

这个公司还发现只包括两种产品的一个产品系列。他们想调查只对该系列进行停产的影响，从而简化他们的产品组合。下面是整个制造过程更改之前的相关数据：

过程前置时间是 6 周（240h）

总增值时间（VA）= 192min

$$PCE = \frac{VA}{PLT} = 192min \div 240h \times 60min/h = 1.3\%$$

WIP = 240 万美元或 4800 台完成的发电机（平均成本为 500 美元，销售价格为 626 美元，GPM 为 20%）

每小时的产出率 = 4800/240 = 20 台/h

总需求 = 20pc/h

在过程的步骤数 = 25

过程中的零件数 = 6

累计设置时间 = 3h

处理时间 = 0.008h/pc（每个单元用时超过 0.008h，但要考虑并行装配工作站的数量）

如果两种产品的系列被撤销了，但其他不变：

总需求 = 18.6pc/h

（小于 20，批量减少 7%）

过程中的零件数 = 4（小于 6，取消两种产品）

新的预期在制品（WIP）为大约 2480 台发电机

新的过程交货时间（PLT）= 2480/18.6 = 133h（从 240h 减少到 133h）

在制品价值从 240 万美元降低到 214 万美元，从在制品中减少了 260000 美元。为了衡量全面的影响，再次回归 PCE 公式的基本版本，进行快速计算：

新的 $PCE = VA/PLT = 192min/(130h \times 60min/h) = 2.4\%$

小承包商产品所消耗的 $PCE = 2.4\% - 1.3\% = 1.1\%$

第 11 章

选择和测试解决方案

使用这些工具的目的

- 针对特定的问题产生相应的解决方案。
- 在众多的选项中选择最佳解决方案。
- 成功地执行解决方案。

决定使用何种工具

- 如需产生解决方案：

  ——回顾解决方案思路的来源（见 P248）和基准（见 P248）。

- 如想比较备选解决方案：

  ——解决方案选择小贴士（见 P249）。

  ——开发与运用评估标准（见 P250）。

  ——解决方案选择矩阵（见 P252）。

  ——成对排名（见 P255）。

  ——成本估计（见 P257）。

  ——影响/效果矩阵（见 P258）。

  ——Pugh 矩阵（见 P259）。

  ——其他评价技术（见 P262）。

- 如想识别和应对可能的解决方案的风险：

  下列工具适用于通过初步估计的解决方案：

  ——控制评估矩阵（见 P263）。

  ——失效模式和效果分析（FMEA）（见 P264）。

- 如需要计划和测试方案：

  ——试点测试（见 P268）。

解决方案思路的来源

- 总是从确认的根本原因出发,这一根本原因被收集到的数据、过程观察和/或试验所验证。
- 下面是关于消除根本原因的方法:
  - ——由过程分析中的发现所激发的想法。
  - ——最佳实践。
  - ——其他面临类似的或相关的挑战的项目。
  - ——头脑风暴法(见 P26)(一定要利用众多来源出版的许多先进的创新技术)。
  - ——性能目标。
  - —— 基准。

小贴士

- 每次集中于一个根本原因。
- 从对问题陈述有最大贡献的根本原因出发。

基　准

重点强调

- 基准是某些公司在某些地方已经获得的(质量、时间、成本的)度量标准。
- 它们告诉你什么是可能的,所以你可以为自己的操作设定目标。
- 基准对于在过程中注入新思想和借鉴其他公司/行业的好的思路很有帮助。

基准数据的来源

- 调查或采访业内专家。
- 商业或专业机构(查看他们的数据库、研讨会、出版物、网站、专家）。

- 已发表的文章（研究、交易）。
- 公司旅行。
- 现有员工以往的经验。
- 会谈。

基准的类型

	优　点	缺　点
内部/公司	为外部基准建立基线 识别公司内部的差异 提供快速和容易适应的改进	改进的机遇受限于公司的内部最佳实践
直接竞争	根据竞争优化改进的领域 大多数公司初始的感兴趣的领域 最好用于深入的竞争情报研究的补充	经常参与者人数受限 改进的机遇受限于"已知的"竞争实践 潜在的反垄断问题
产业	提供产业趋势信息 为管理提供定量的和基于过程的比较的常规基础	改进的机遇受限于产业模式
一流	审查多个产业 为识别彻底的创新实践及过程提供最佳机遇 提供一个全新的视角 更可能实现自由的信息交流	经常难以识别一流公司 有时难以让一流公司参与

解决方案选择小贴士

1) **产生可能的解决方案**：最好用尽团队可能提供的所有想法。通常，最佳的可能方案会出现在强烈的创新努力后，每个人心中都产生了与问题相关的新鲜的具体细节。

- 可用的潜在方案越多，发现解决改进问题思路的机会就越多。

2) **缩短并综合列表**：如果你的想法较多，影响进一步行动，可以使用亲和图（见 P28）、多次投票法（见 P30）或其他方法来确定主题和缩短列表。只要有可能，综合可选项的最佳特性以形成一个更好的解决方案（一定要开发和利用评价标准，请参见下面的介绍）。

3) **选择最佳解决方案**：选择决定哪一种解决方案可以实施。

小贴士

- 综合和选择过程都是迭代的。用这种方法产生一些想法，对它们进行评估，然后用头脑风暴法产生出最佳或者较新颖的想法，看看是否能开发出更好的解决方案。

开发和使用评价标准

重点强调

- 确定和记录的标准可以消除解决方案选择中的猜测。
- 使用所有信息来源来决定评估标准。
  - ——与项目资助人、股东、客户、工作人员交谈。
  - ——审查你的团队章程和客户的采访笔记。

示例标准

- 客户需求（CTQ）
  - ——过程或输出影响——在多好的程度上，这将解决问题？
  - ——客户满意度。
- 业务需求
  - ——与战略一致。
  - ——对时间、经营成本、市场份额等的影响。
  - ——资本投资。

　　——实施的风险。

　　——对新市场的渗透。

　　——品牌的认知度或提高。

● 监管/其他

　　——遵守监管要求。

　　——安全。

　　——环境和政策限制。

权重标准

　　不是所有标准都是平等的。在评价时，最好指定可以指示相对重要性的权重数值来进行衡量。

1）确定要使用的标准。

2）给每个具体的标准一个数值，以表明其对所要达到目标的相对贡献。

　　——可以使用成对排名确定需要的权重（见 P255）。

　　——确保权重数值有足够的范围，可以分辨真正的好的与坏的想法。

　　例：如果"提供准时交货"比"使用现有软件"重要得多，那么可以给前者权重 10，后者 3 或 4。

　　例：如果按时交货比使用软件稍重要一点儿，可以给前者权重 10，后者 7 或 8。

小贴士

　　可以帮助确立评价标准的问题：

● 最佳解决方案看起来会是什么样？

● 执行障碍是什么？

● 哪种类型的解决方案是执行起来最经济的？

● 哪种类型的解决方案是最激动人心的？哪种是最显著的？

● 哪种类型的解决方案会显示出最快速的结果，并且最"物有所值"？

● 哪种类型的解决方案遇到的阻力最小，并且最能适应其状况？

- 什么因素最有可能影响到你的部门和其他部门？

解决方案选择矩阵

目标

- 记录解决方案选择过程及准则。
- 确保为执行所选择的解决方案提供最合适的机会，以实现项目目标。

何时使用解决方案选择矩阵

- 当有两个或两个以上可比较的解决方案时（大部分时间是这样的），可以利用该矩阵。

如何创建和使用解决方案选择矩阵

1. **从可选择解决方案列表中删除阻碍实施的解决方案。** 在做额外的分析之前，有些解决方案的某些部分阻碍其实施，应删除把这类解决方案。

例：专注于一个小缺陷，却导致对客户很大的负面影响。

例：与组织战略直接冲突。

例：超越章程范围之外。

2. **对保留下的想法考虑组织的配合。** 解决方案必须能够获得管理层承诺，并且符合客户需求、战略目标、组织绩效及组织文化。消除任何不能有效回答如下问题的选项：

管理层承诺——你能为这一想法获得支持吗？

战略因素及组织绩效——这一想法能与我们 1 年，2 年，和 5 年的目标一致吗？

操作和管理系统——这个可能的解决方案会补充我们的决策、会计、通信及奖励系统，还是与其冲突？

3. **确定保留下的想法对项目目标的影响。** 必须评估每个可能的解决方案减小和消除不良性能的根本原因的能力。解决方案必须能对过程有足够的影响力，以达到预期的效果。对不能达到预期效果的解决方案必须修改以达到目标，或者将其弃之不用。

- 单独的（独立的）解决方案：这些方案自己就可以满足项目目标，或者由于它们的独特性，不能与其他方案相结合。

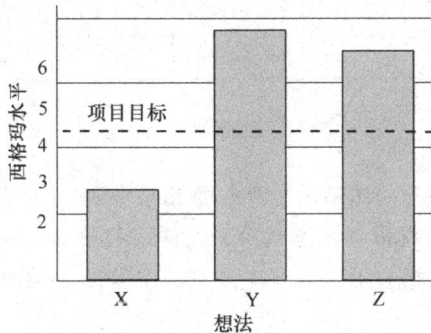

由于想法 X 不能达到西格玛目标，所以不在考虑范围绕之内。

耦合解决方案：这些解决方案单独不能满足项目目标，但是可以与其他解决方案结合使用。

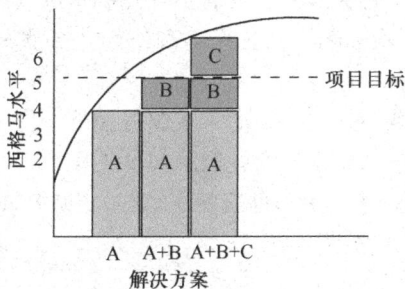

4. 缩小列表。可选技术包括：

多轮投票法——用于将一张清单削剪到易于处理的个数（4 ~ 7）（见 P30）。

CDAM——评估可选项，看看能不能组合、删除、添加或修改它们。

成对排名——对解决方案进行定性比较（见 P255）。

推动力分析——对每个解决方案需要的推动力进行评估。

5. 把标准的和最佳的解决方案添加到解决方案选择矩阵中。

	过程影响	时间	成本 vs 效益	其他	总分	排序
权重	2	2	3	1		
选项1	8	8	10.5	4	26.5	3
选项2	14	18	22.5	7	32.5	1
选项3	2	4	21.0	1	28	2

= 原始分数是权重（2）的7倍

表中的选项等级由基础分和权重相乘等到。

6. 针对每个标准对可选解决方案进行打分

过程影响：相对于其他解决方案，给解决方案对问题（Y）的影响打分。

评估时间影响：确定它对于理解如下方面是否重要：①设计和实施方案所需时间总量；②在所需水平上真正执行过程之前要多久（几周、几个月等）。相应地进行排序或者打分。另一种表示时间影响的方法是用实施解决方案所需的预计专职资源（FTEs）。

评估成本/利润影响——总成本和作为业务实施结果的预期利润之间的关系是什么？

评估其他影响——在决策中，组织想使哪个方面的影响保持显著？常见的例子包括安全、商业风险和员工士气。

7. 在你的公司中，适当地运用 FMEA（见 P264）或者常用的任何风险评估手段。

小贴士

- 在讨论了所有的解决方案之后，团队成员可能发现他们倾向于一或两个解决方案。保持客观很重要——偏见或是不知情的偏好也会导致团队忽略优秀的具有成本效益的解决方案。

- 谨记，不要扔掉任何东西。这些工具会帮助团队关注可能的解决方案——之后你会发现为了激发创新思维，它对重温以前被放到一边的思路很有帮助。

成 对 排 名

重点强调

- 成对排名技术可被个人或团队应用于对一列项目进行定性排序。
- 尽管这种技术有很多种不同的变化,但是都要求对项目进行成对的排名。这些成对的排名可以组合出优先顺序。

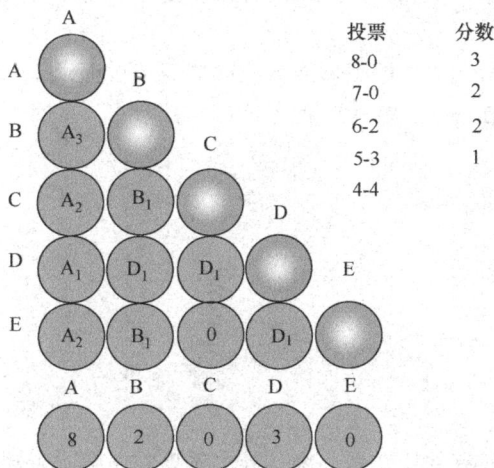

投票	分数
8-0	3
7-0	2
6-2	2
5-3	1
4-4	

运用成对排名进行解决方案选择

1. 确定想要比较的解决方案思路。
   - 在一张挂图或白板上把它们列出来,这样每个人都可以看到。
   - 用数字或字母给它们做标记(例如:A 到 E 五个选项)。
2. 有多少条目就画出一个包含相应行和列的矩阵(例如:有五个条目就画五行和五列)。
   - 这个矩阵用于记录结果,因此对每个人公开(在挂图、白板、投影仪上等显示)。

- 用指定的数字或字母标记行或列。
- 用颜色填入或划分出对角线上的元素，这些元素表示一个条目与自己进行比较。

3. 审查或开发标准。
   - 在比较中，涉及如何对一种解决方案与其他的进行比较，意味着采用什么方式来获得一致同意的将要采用的标准。

4. 把每个条目都与其他条目一一进行比较，直到填满了上半或下半矩阵（两边同时做会产生重复）。
   - 每做一次比较，问问哪个方案比较好。
   - 采用举手表决或投票的方式确定选择哪个方案比较好。

5. 记录结果。
   - 把所选选项的字母或数字简单地填入框里。

   例：在一次比较中，A 比 B 的得票数多。

	A	B	C	D	E
A		A	A	D	A
B			B	D	E
C				D	E
D					D
E					

6. 完成所有的比较后，统计胜出选项的票数，解释结果。
   - 在上面的示例中，A = 3，B = 1，C = 0，D = 4，E = 2。
   - 结果显示 D 项最好。
   - 继续探究如何将 D 项与其他好的选项进行整合。在这里，例如，询问为什么 A 项和 E 项好于 B 项或 C 项。能在方案中运用 A 和 E 项中的要素吗？

7. 可选项：如果统计每个条目的得票数而不是单纯地统计胜出的次数，这样有时更容易解释结果。这是上个例子的一部分，这次采用的是记录得票数的方法。

	A	B	C
A		A3	A4
B			B5

- 这种方式扩大了条目之间的距离，强调大的差距，对人们感觉强烈的条目增加权重。
- 在这个例子中，统计结果显示：A = 12，B = 5，C = 0，D = 18，E = 8。

使用成对排名来对标准设定权重

除了比较评估方案的可能标准，而不是比较方案本身之外，使用上述同样的方法。

1. 识别和标记（用字母或数字）标准。
2. 创建一个表格，把每种标准与其他标准相比较。在这种情况下，询问"这些准则哪一个更重要"。
3. 统计每个准则胜出的次数，并增加 1 分（确保在表中无 0）。
4. 统计所有分数。
5. 算出每个标准得分的百分比。
6. 分配权重（通常在 1 ~ 5 或是 1 ~ 10，用较大的数字表示较好）。

成 本 估 计

大多数的解决方案需要进行成本估计。

- 成本来源：直接成本与间接成本，一次性成本与持续的成本。
- 成本和收益的时机。
- 利用公司首选的措施进行财务分析（与财务专家交谈，找出哪些措施正在你的公司中使用）。
  ——经济利润（EP）。
  ——资本回报率（ROIC）。
  ——营运资金。

——Ⅰ、Ⅱ、Ⅲ类储蓄。

- 涉及因素的灵敏性分析。
- 定性因素（文化适应、工作职能潜在转变等）。

影响/效果矩阵

对目标的量化影响 ——　　　　　　最终优先级排序

方案	节省时间/s	最终排序	责任人
封闭缺口56'，快速更换软件，把灯移到下游。	40	1.0	Gary
校正动作日常反馈的正式化	120	1.1	Nate,Mary.Ed
自动调整喷水	30	1.1	Dave Sw.
轮班标准化，指定的任务，培训，最佳实践，变换矩阵	30	1.1	Francis,Mary,Gary
固定标尺——电源	1	1.2	Dave Sw
解决顶部和底部的重量问题（DEO）为1区和2区的DP更换软件	30	1.2	Nate,Mary,Ed,Dave
改进通信（耳机和程序）	20	1.3	Francis,Jordan

考虑的影响

- 整体工作流程的预期变化。
- 工作职责转变。
- 完成核心任务的新方法——你能利用新技术吗？可以外包吗？
- 新方法必须满足客户需求。
- 如何避免问题或缺陷？
- 如何减少周期时间？
    - ——减少或消除返工、顺序处理、批量工作、交接、授权/巡查、延迟或瓶颈期。
    - ——增加或提高客户参与度、雇员的技能/知识、并行处理、每次一件处理（从始至终）、不间断处理、整个工作的评估/问责。

Pugh 矩阵

目标

它是一种正式的决策工具，基于客户需求和功能标准对观念（进程、服务、产品）进行比较。

- 它能快速识别每个潜在解决方案的优势和缺陷，以至于可以将优势保留，对缺陷进行修正，或者至少指明缺陷。
- 其目标是提升原始思路，最终获得最佳方案。

何时使用 Pugh 矩阵

主要运用于设计或重新设计产品、服务或过程。

如何创建 Pugh 矩阵

注意：Pugh 矩阵分析的方式是迭代，每迭代一次称为一次"运行"。第一次迭代（第一次运行）你会得到少量的强解决方案，紧接着重复完整的分析对最初的结果进行确认。

1. 开发潜在解决方案（可选观念）。酌情从以下方面捕捉方案：
   - 图样。
   - 语言描述。
   - 潜在方案的其他描述。
2. 识别标准。
   - 请参考 P250 的说明。重点放在那些与你努力要达成的目标（客户需求、设计参数、项目目标等）最相关的信息上。
3. 对标准设定权重（见 P251）。
4. 选择一个备选方案作为基准。
   - 通常使用当前方法和模型，但可以是其他的备选方案。

5. 准备一个评估矩阵。

- 在矩阵顶部列出可选择的解决方案。
- 在第一行中列出标准。
- 在第二列或最后一列列出重要性评级。
- 在基准方案之下的单元格中填上"B"。

Pugh矩阵										
	方案									重要性等级
关键指标										
+的总数										
−的总数										
S的总数										
加权后+的总数										
加权后−的总数										

方案选择图例
较好+
相同S
较差−

6. 针对基准方案，对每个备选方案打分。

　+或者++意味着比基准好或者非常好。

　——或者––意味着比基准差或者非常差。

　S意味着与基准大致相同。

7. 把这些＋、−和S符号相加。

8. 将＋、−和S的总数与其重要性评级（权重）相乘，然后对每列的数据求和，就是每一观念的加权总分。

- 不要将数字绝对化。

9. 首先关注具有最多加号和最少减号的可选方案。

10. 寻找优势和劣势，并确定如何克服劣势。

- 需要什么来改变不利因素？

- 这一变化会转变任何一个有利因素吗？
- 其他备选方案的优势能被用于处理或改变不利因素吗？
- 如果另一个备选方案是 S 或 +，或许这个备选方案包含了一种可以提高所选方案的思路（解决方案）。
- 如有修改好的解决方案出现，将它列入矩阵。
- 在矩阵上清除真正不好的方案。

11. 审查积极因素
    - 如果你发现在一些解决方案中都显示出一种一致的优势，则表示：①用于区别解决方案的标准太模糊了；②一些解决方案与其他解决方案紧密相连（或是其子集）
      ——若是第一种情况，分解准则（将它们划分为更小的子组件）。
      ——若是第二种情况，分解解决方案，然后寻找重新整合它们的方法。

12. 识别可能的最强解决方案，并重复分析以验证第一轮的结果。
    - 如果第一轮未被证实，继续分析改进方案，直到出现一个强大的解决方案。
    - 用最强的方案作为基准，进行一次验证运行。
    - 如果第二次运行验证了第一轮的结果，那么进行控制收敛。

13. 执行控制收敛分析：为了获得比原始思路更好的解决方案，要提高有利因素，降低不利影响。
    - 列出产品服务和过程属性。
    - 列出备选解决方案。
    - 选择强大的解决方案作为基准。
    - 根据已定义的标准评估解决方案。
    - 与基准相比，对解决方案进行评估，分为好于基准的（+），次于基准的（-），与基准相同的（S）。
    - 评估每个解决方案的分数。
    - 识别强和弱解决方案。
    - 消除不利因素，提高有利因素。

——改进设计以改变不利因素。

● 提高较弱解决方案的有利因素。

——尝试改进解决方案的设计，用较弱方案的有利因素加强强解决方案。

● 放弃仍然弱的解决方案。

——如需增加新的解决方案，矩阵应该变小。

● 重新运行矩阵，此矩阵使用最强解决方案作为新基准。

● 重复此过程，直到强解决方案在数次运行中保持不变。

14. 如有必要，执行产品及过程设计。

小贴士：往往在第一次运行中发生的陷阱

● 渴望过早地终止过程。

● 对过程有效性产生怀疑，尤其是强解决方案出现并始终保持强大时。

● 过程被那些把过程看成是一种竞争性输赢竞赛的人所中断，而不是把过程看作是双赢的协作努力

其他评估技术

仿真模型——向有关专家寻求帮助，开发计算机仿真模拟当前的过程，并说明改进的过程如何运行。

基准——在不管公司属于哪个行业，都要识别你正在研究的过程或能力方面的"一流"组织。例如：纪念医院在审查它的病人入院过程时，可能会观察希尔顿酒店的客人登记过程。（更多关于基准的信息见 P248）。

行业标准——研究机构对行业进行比较研究并发布性能数据。一个炼油厂的项目团队可能参考炼油能力的相关数据，从而辅助他们进行决策。

互联网搜索——使用大量的搜索引擎进行搜索。团队可以与世界范围内的组织进行比较分析或者进行基准管理。

进行有限的试点——团队可通过有限的试点来实施解决方案。可以用其实施前后的测量结果来推断如果进行较大规模实施的价

值。要考虑实施时间及对正常操作的相关风险。

控制评估矩阵

项目目标：**通过 EDI（电子数据交换）准确接收合同**

风险：<u>信息在交易中丢失</u>

控制充足；（x = 过量的；a = 足够的；i = 不足的）

控制	是否存在	是否足够？如果不，为什么？	下一步
a）培训	是	a——进行了培训	做什么？由谁做？何时做？
b）程序不明确	否	a——明确制定程序，防止缺少所需数据交易的提交	
c）不能处理客户主记录	否	i——客户主记录验证	

日期：_____　制表：_____　审核：_____　更新：_____

重点强调

- 帮助识别用以保护你及你的业务部门免受高风险影响的活动。

创建控制评估矩阵

1. 列出最高优先级的风险。
2. 列出能帮助减轻或消除风险的控件项。
3. 确定这些控制项是否存在。
4. 讨论每个控制项的适当性和充分性。
5. 确定解决任何控制缺陷的措施。

小贴士

● 把结果作为过程控制计划的输入。

失效模式和效果分析（FMEA）

目的

这是一种结构化方法，用于：
● 确定产品、服务或过程可能失效的方式。
● 估计与具体故障原因相关的风险。
● 减少失效风险的优先行动。
● 评估设计验证计划（产品/服务）或当前控制计划（过程）。

何时使用FMEA

● 在设计新系统、产品或过程时。
● 改变现有设计或过程时。
● 在已有设计用于新的应用时。
● 在界定系统、产品或过程之后，但在进行最终的详细设计之前。
● 在界定阶段：了解一个项目的风险。
● 在测量阶段：了解过程步骤或关键输入变量（KPIV）如何与风险相关，以及对关键输入变量按重要性排序。
● 在分析阶段：了解改进实施的风险。
● 在改进阶段：评估一个控制计划的有效性。

FMEA的类型

● 设计FMEA：在推出一个新工艺、产品、服务之前进行分析，以了解一旦发布可能出现怎样的失效。找出导致安全隐患、故障、生命周期缩短及满意度下降的问题。
● 过程FMEA：用于改进现有的事务性及操作过程，以了解人员、材料、设备方法及环境怎样引起过程问题。找出导致安全隐患、产品或服务生产过程缺陷以及效率降低的问题。

- 系统 FMEA：在早期的概念和设计阶段进行系统和子系统分析。

过程或 产品名称： 责任人：					制表： FMEA日期（初始）＿＿＿＿＿（修改）		
过程步骤/输入	潜在的失效模式	潜在的失效影响	严重程度	潜在的原因	发生可能性	当前的控制	检测灵敏度 / RPN
调查的过程步骤和输入是什么	关键输入是怎么出错的	对关键输出变量（客户要求）的影响是什么		什么原因导致关键输入出错		现有的防止失效模式原因的控制和程序（检查和测试）是什么	
							0
							0

怎样运行 FMEA

1. 检验产品、服务或过程。
   - 如果针对一个过程进行研究，从产生最大价值的步骤开始。
2. 进行头脑风暴法后，对可能的失效模式分类。
   - 一种失效模式是组件、子组件、产品、输入或过程无法执行预期功能的情况。它们可能是上游操作的结果或者可能导致下游操作失效。
3. 为每种失效模式列出一个或多个潜在的影响。
   - 回答如下问题：如果故障发生，后果是什么？
4. 为严重程度及发生的可能性进行评级。

失效的严重程度：1 ~ 10，10 代表对客户最严重的影响。

失效发生可能性：1 ~ 10，10 代表发生可能性最高。

5. 列出当前对每项失效的监测和控制，然后对其检测灵敏度进行评级。

失效的检测灵敏度：1 ~ 10，10 表示最不可能发现失效的控制方法。

6. 计算每种影响的风险优先级数值（RPN），用三个数相乘的方法（严重程度×发生可能性×检测灵敏度）。

7. 使用 RPN 选择高优先级失效模式。

- 确定行动的优先级，使最高的 RPN 最先得到处理。
- 例外：任何严重程度为 10 的失效必须立即处理，因为会对客户造成影响，即使它的总的 RPN 并不高。

8. 计划减少或消除与高优先级失效模式相关的风险。

- 识别所选择的失效模式的潜在原因。
- 提出建议行动，指派负责人。
- 寻找：

——预防行动：从根本上减少问题发生可能性的步骤。其重点是在故障发生前减少或消除其根本原因。

——应变行动：如果潜在问题发生了，限制其引起的破坏的措施。其重点放在尽管困难重重，仍要达到目标。

9. 执行计划，记录所采取的行动。

10. 重新计算 RPN。

评分系统小贴士

- 有各种各样的定量和定性分析的评分"标准"，这些"标准"可以作为你的评定量表的基础。如果有困难，可以向数据专家寻求帮助，他们会为你提供可以作为模型的各种数据示例。
- 两种经常使用的评定量表：

——1~5 分量表对团队评分来说比较容易。

——1~10 分量表可以进行更精确的估计以及适应更广的评分变化。这种量表更为常用。

过程或产品名称：

责任人：

制表：

FMEA 日期(初始)_____ (修改)_____

过程/产品 FMEA表

过程步骤/输入	潜在的失效模式	潜在的失效影响	严重程度	潜在的原因	发生可能性	当前的控制	检测灵敏度	RPN	推荐的行动	责任人	采取的行动	严重程度	发生可能性	检测灵敏度	RPN
调查过程步骤和输入是什么	关键输入怎么会出错的	对关键量(客户要求)的影响是什么		什么原因导致关键输入出错		现有的防止失效模式/原因的控制程序和程序(检查和测试)是什么			减少发生可能性或者提高灵敏度的行动是什么		对于重新计算的RPN采取的行动是什么				
向玻璃水瓶中注水	水量错误	咖啡太浓或太淡	8	玻璃水瓶水位标记褪色	4	自视检查	4	128	更换玻璃水瓶	梅尔	玻璃水瓶得到更换	8	1	3	24
				水从玻璃水瓶溢出	5	无	9	360	培训雇员	弗洛	雇员得到培训	8	2	7	112
	水太热	咖啡太浓	8	龙头不允许施转和冷却	8	手指	4	256	培训雇员	弗洛	雇员得到培训	8	2	6	96
				雇员不知道需要冷水	7	无	10	560	培训雇员	弗洛	雇员得到培训	8	1	8	64
	玻璃水瓶不干净	咖啡中有异物	10	玻璃水瓶没洗	4	自视检查	4	160	存放前指定检查员	艾丽丝	维拉是新的检查员	10	1	4	40
	糟糕的味道	糟糕的味道	10	玻璃水瓶存放不当	7	培训	5	35C	建造存储柜及培训雇员	艾丽丝	新的存储柜及雇员得到培训	10	2	3	60

试 点 测 试

目标

在选定的解决方案中确认问题和失效情况，使其可以在全面实施之前得到处理。

试点测试的主要特征

试点测试是针对已选定的解决方案的测试。此类测试具有如下特征：

- 小规模实施（受限于范围、预算和/或时间）。
- 用于评估解决方案及其实施。
- 用于使全面实施时更加有效。
- 提供关于预期结果的数据，并在实施计划中公开问题。

如果过程满足设计规范和客户期望，就应该进行试点测试。

如何对一个解决方案进行试点

阶段1：计划

什么需要进行试点？

试点将在哪里运行？

谁会参与？

什么时候开始，需要多长时间？

怎样进行？

阶段2：审查设计

在开始试点之前，审查你的计划：

- 确保所有的设计元素都已完成。
- 确保所有的部件都集成良好，不同部分之间的接口紧密连接。
- 在测试中，识别可能的失效点及脆弱的区域。
- 评估预测的设计能力（西格玛或能力水平）。
- 审查试点及实施计划。

小贴士

- 事先建立审查目标和议程。
- 在筹备会议上完成所有准备工作。
- 保持文档清晰一致。
- 利用索引以便于查找及参考。
- 在会议之前分发文件。
- 设置后续程序以确保行动条目的完成。

结果

- 列出提出的主要问题，并明确是谁提出的。
- 列出提议的修改试点的行动，包括进行更改的负责人。
- 在文件里列出必要的更改变化。
- 评估行动完成的未来会议安排。
- 根据需要安排未来的设计审查会议。

阶段 3：完成设计和实施

- 实施在阶段 2 中发现的设计更改。如有必要，进行另一次设计审查。
- 试点测试及实施。

小贴士

- 在试点期间，仔细观察所有活动、影响及交互作用。
- 积极管理实施计划。
- 管理客户、管理层及工作人员的期望值和看法。
- 用足够长的时间继续试点，以建立可靠的基准性能数据。
- 检查连锁反应及不可预料的结果。

阶段 4：评估测试和验证结果

- 使用统计工具正确评估设计预期、过程控制及能力。
- 庆祝成功：
  ——传达小的胜利。
  ——庆祝初步成功。
  ——庆祝最后结果。

- 如果试点表明有任何弱点，都必须进行设计上的改进。

小贴士

- 人们急于实施解决方案，从而能够得到结果以展示给赞助商。尽管如此，不要忽略试点测试！
- 测试之前，界定义成功的标准。
- 记录所有测试结果及控制程序。
- 培训所有过程参与者。
- 使用工具以协助确定项目风险。
- 尽早识别风险——评估其可能性及影响。
- 制订一个综合计划，以减少风险承担。

MICHAEL L. GEORGE, DAVID ROWLANDS, MARK PRICE, JOHN MAXEY
THE LEAN SIX SIGMA POCKET TOOLBOOK
ISBN：0-07-144119-0

图书在版编目（CIP）数据

精益六西格玛工具实践手册/（美）乔治（George，M. L.）等著；曹岩等译. —北京：机械工业出版社，2015.4（2025.10 重印）

书名原文：The lean six sigma pocket toolbook

ISBN 978-7-111-49530-7

Ⅰ.①精…　Ⅱ.①乔…②曹…　Ⅲ.①企业管理 – 质量管理 – 手册

Ⅳ.①F273.2 –62

中国版本图书馆 CIP 数据核字（2015）第 044676 号

机械工业出版社（北京市百万庄大街22 号　邮政编码100037）

策划编辑：李万宇　责任编辑：李万宇　何　洋

版式设计：霍永明　责任校对：张　力

封面设计：马精明　责任印制：刘　媛

北京富资园科技发展有限公司印刷

2025 年 10 月第 1 版·第 13 次印刷

140mm×210mm·8.875 印张·1 插页·260 千字

标准书号：ISBN 978-7-111-49530-7

定价：49.80 元

电话服务　　　　　　　　　　　网络服务

客服电话：010-88361066　　机 工 官 网：www.cmpbook.com

　　　　　010-88379833　　机 工 官 博：weibo.com/cmp1952

　　　　　010-68326294　　金　书　网：www.golden-book.com

封底无防伪标均为盗版　　机工教育服务网：www.cmpedu.com